21世纪经济管理类应用型本科系列实验教材

管理学实训教程

A Practical Training Course for Management

主　编◎方小林
副主编◎刘玉勋　龙镇辉

华南理工大学出版社
SOUTH CHINA UNIVERSITY OF TECHNOLOGY PRESS
·广州·

内容简介

本书作为高等院校管理类专业管理学课程的配套教材，结合编者多年的管理学理论教学实践经验编写而成，分为组织篇和实训篇。组织篇包含实训课程的说明和各模块的内容，实训篇包含小组展示主要内容、团队训练、管理情景模拟、管理辩论、案例分析、管理游戏等实训操作方式的具体操作、达到的目标和涉及的知识点等。

图书在版编目（CIP）数据

管理学实训教程/方小林主编. —广州：华南理工大学出版社，2020.1
21世纪经济管理类应用型本科系列实验教材
ISBN 978-7-5623-6201-2

Ⅰ.①管… Ⅱ.①方… Ⅲ.①管理学-教材 Ⅳ.①C93

中国版本图书馆CIP数据核字（2019）第272825号

管理学实训教程
方小林 主编

出 版 人： 卢家明
出版发行： 华南理工大学出版社
（广州五山华南理工大学17号楼，邮编510640）
http://www.scutpress.com.cn E-mail: scutc13@scut.edu.cn
营销部电话：020-87113487 87111048（传真）
策划编辑： 吴兆强
责任编辑： 吴兆强
印 刷 者： 佛山市浩文彩色印刷有限公司
开 本： 787mm×1092mm 1/16 **印张：** 12 **字数：** 312千
版 次： 2020年1月第1版 2020年1月第1次印刷
定 价： 35.00元

前 言

管理具有二重属性，是科学性和艺术性的统一，管理理论来自实践，有一套分析、解决问题的方法论；在指导实践过程中，需要创造性地运用管理理论知识，做到理论与实践相结合。管理学是管理类专业的基础课程，但各学校由于总课时量有限和专业侧重点不同等原因，其所占课时略有不同，有的学校占64个学时，有的学校只有48个学时，最少的只有32个学时。大部分学校管理学课程的教学设计只重视理论教学，而忽视了实践能力的培养。为最大限度地改变这种现象，编者特意编写本教材。本教材既可以作为应用型本科院校的教材，同时也适用于高职高专院校，它的设计以传统的管理四大职能为主线，采用小组展示主要内容、团队训练、管理情景模拟、案例分析、管理辩论和管理游戏等教学法，使学生在趣味中学习、在快乐中学习，融趣味、快乐、团结、协作于一体，无形中提高了学生学习的积极性，改变了管理学教学枯燥乏味的现状。本教材的主要特点如下：

（1）结合小班理论教学。本书以理论教学为基础，学生独立选择材料，设计实训课内容，充分体现以学生为中心和以学生为主体的指导思想，让学生在学的过程中，能身临其境，体会学习管理学的乐趣。

（2）增强了趣味性。一直以来，普遍认为管理学是纯粹的理论，它的教学避免不了枯燥乏味，但本书的团队训练、管理情景模拟、管理辩论、案例分析和管理游戏等模块改变了课堂气氛沉闷的现状，尤其是管理游戏让同学们在游戏中学，增加了课堂的趣味性。

（3）紧扣理论知识，致力于学生能力的培养。根据现行管理学通用的基本原理，设计系列主题，围绕主题从团队训练、管理情景模拟、管理辩论、案例分析和管理游戏等方面进行实训教学，致力于培养学生动手能力。团队训练着重于团队精神的培养，而小组展示、管理情景模拟和管理辩论既培养了个人能力，也培养了团队的协作能力，分析经典案例有利于培养学生分析问题和解决问题的能力。

（4）成绩考核以实训报告为依据。实训报告的设置有利于督促学生收集相关实训材料，也有利于督促学生针对相关专题内容及时复习总结。实训报告中的教师评分标准，便于教师批改和评分。

（5）实训操作给学生留下美好回忆。学生在团队训练、管理情景模拟、管理辩论、案例分析和管理游戏等模块进行的操作场景，可以以视频的形式刻录下来，作为大学生活美好的回忆，同时也是他们参加实践活动的证明，有利于今后的就业。

本教材是肇庆学院实践教学改革项目成果，自编者担任管理学课程教学以来，一直在思考如何改变该门课程理论教学的枯燥性，提高教学的趣味性，在这些方面进行了许多改革和探索。本书是编者根据多年教学经验积累编写而成，力求在与传统管理学理论相一致的基础上，增强教材的趣味性，提高学生的积极性和主动性。

本教材由肇庆学院方小林担任主编，刘玉勋、龙镇辉担任副主编，方小林负责全书的构思和提纲的拟订，并组织人员编写，具体编写分工如下：方小林编写组织篇；刘玉勋编写实训篇第 1 章，龙镇辉编写实训篇第 2 章，崔彩周编写实训篇第 3 章和第 4 章，雷洪编写实训篇第 5 章和第 6 章，周菁编写实训篇第 7 章和第 8 章，杜彪编写实训篇第 9 章；陶红编写实训篇第 10 章；陈章波编写实训篇第 11 章。

在本书的编写过程中，参考了近年来出版的有关论著和网络资料，在此向相关作者表示衷心的感谢。同时也感谢肇庆学院经济与管理学院领导的大力支持。由于编者水平有限，书中不足之处在所难免，还请读者和同仁不吝赐教，不胜感激。

编者

2019 年 7 月

目 录

组 织 篇

实 训 篇

组 织 篇

第 1 章 管理学实训课程说明

随着我国高等教育的迅速发展，本科应用型人才的能力、数量和质量逐渐不能适应社会的需求，供需矛盾拉大，应用型人才培养模式成为社会普遍关注的问题。在此背景下，需要对管理学课程教学进行改革，在教学过程中增加实训环节。

1.1 实训概述

1.1.1 实训

实践教学内容包括实验、实习、实训、社会实践、课程设计、毕业设计（论文）、学年论文等，也包括军训、创业活动以及纳入教学计划的社会调查、科技制作、学科竞赛活动等。这些内容要形成科学合理的体系，并对实现人才培养目标有重要作用。实践教学是评估中的关键性指标。实践教学是巩固理论知识和加深对理论认识的有效途径，是培养具有创新意识的高素质工程技术人员的重要环节，是理论联系实际、培养学生掌握科学方法和提高动手能力的重要平台。还应注意学生素养的提高和正确价值观的形成。全面实施实践教学体系：一要以竞赛带动实践教学；二要实践教学与岗位技能培训相结合；三要产学研合作，促实践教学的发展；四要实践教师队伍的建设。

作为实践教学之一的实训即“实习（践）”加“培训”，本源自 IT 业的管理实践和技术实践；目前引入到“营销管理”和“商务管理”专业，是用来对学生进行动手能力实际训练的一种说法，着重于培养学生动手操作能力。实习则指去企业中以学生身份具体参加工作实践。实验是普通学校在一些专门课程上设定的名词，是掌握知识必需的部分。

1.1.2 实习和实训的区别

传统的课堂教学以教师讲授为主，教师是指挥官，是中心，学生围绕教师的指令操作和学习，主要适用于理论教学；企业定岗实习时把学生直接安排到工作岗位上，在工作中学习，更适合以动手操作为主的职业训练。而实训结合了两者的优势，通过模拟实际工作环境，教学采用来自真实工作的案例，教学过程做到理论与实践相结合，更强调学生的趣味性学习和主动性学习，从而能够在最短的时间内使学生提高团队协作能力和语言沟通能力，能够较好地掌握理论知识。普通学校老师都是采用传统授课方式，按照书本规定讲授课程内容。

“实训”一般是“参观流程，感性认识；主要在于对工艺流程的视觉印象加深”，一般不要求动手做；而“实习”是以动手操作为主，逐渐培养动手技能和分析、建构能力，为将来工作做好准备。

1.2 实施管理学实训教学的意义

首先，管理学课程实训教学是对现有管理学教学的改革，是目前管理学专业实训教学必须面对和解决的重要课题。其次，采用实训模式教学可以实现管理学人才培养的目标和质量，能够保证学生通过实训课程的学习，进而提高实践技能和综合素质水平。第三，开展管理学课程实训教学不仅是促进学生有效进行学习的基础条件，同时也是提高课堂效率的有效方法。学生只有将学习到的管理学知识应用于实际操作的过程中，才能不断地发现问题、提出问题、分析问题和解决问题，从而总结学习经验，不断创新，提高自身学习能力和创新能力，提升自身的思维层次和管理水平。最后，管理学实训课程教学可以有效改善目前教学困境，培养学生将所学理论知识强有力地转化为应用与实践的技能，从而有利于管理学专业毕业生对职业的选择，有利于其将来的发展。

1.3 管理学实训课的指导思想

实训课是指在教学过程中，围绕特定的主题，以学生为教学主体设计、组织教学活动的教学模式。在实训课上，教师与学生进行角色互换，由学生扮演教师的角色，自主选择教学方式，通过模拟实践活动开展教学。通过这种教学模式，学生能够深刻理解教学内容，巩固对管理学基本原理的掌握，增强学生实践动手能力。管理学实训课的指导思想是：以培养学生的自主性、创造性为灵魂，以调动学生学习积极性为核心，以培养和锻炼学生运用管理知识分析问题和解决问题的能力为根本，针对管理学的关键知识点，以学生为主体，通过采取案例分析、管理情景模拟、团队训练、管理游戏和管理辩论等实训形式，创设生动逼真的管理情境，让学生有一种身临其境的感觉，帮助其加深对管理学理论的理解与掌握。

1.4 管理学实训的教学目标

（1）调动学生学习积极性，形成良好的学习氛围。实训课使整个教学活动在一种宽松和谐的气氛中开展，从实训内容的选择、实训主题的确定到实训过程的设计都是在教师引导下，由学生自己探索研究完成。整个教学过程给学生提供了参与的机会，也给学生提供了检验自己对管理理论知识掌握、理解程度的机会，有利于形成宽松的学习氛围。

（2）巩固和掌握所学管理学理论。管理学来自实践，又用于指导理论，具有艺术性和科学性，在理论的教学过程中，学生由于知识、经验、思维能力和社会经历的限制，对学习中遇到的难点、重点问题有时难以做出正确的解释。在实训课教学过程中，学生通过头脑风暴法，集思广益，畅所欲言，得以更好地沟通和产生更多的认同，在观点的相互碰撞中通过互相启发、互相补充、归纳综合的过程来共同认识问题，加深对理论知识的理解和掌握，提高实际运用能力，深化和扩展自己的认识。

（3）培养学生的自学能力。学生知识的获得、能力的培养、素质的提高，都需要通过学生自己的主观努力才能实现，学校和教师既不能代替也不能强制，只能帮助、引导和促进。实训课为学生提供了主观能动性和潜能充分发挥的自由空间，强调学生学习的主动性、责任感，注重培养学生独立思考的能力和主动建构自己知识结构的自主性，有利于学生自学能力的培养。

1.5 管理学实训教学的组织

1.5.1 依据课程教学大纲进行实训教学

管理学实训必须按照教学大纲进行，而原有的大纲主要是从理论上确定教学内容，并不涉及实际操作，因此需要对管理学大纲进行调整。一是从提高管理类人才综合素质和能力出发对课程教学目标进行调整，注重培养学生通用管理能力，如决策、计划、组织、领导和协调等能力；二是压缩基本理论讲解，增加实训环节课时，如增加案例分析、角色扮演、管理实验等实践环节课时量。

1.5.2 实训教学模式多样化

为提高学生综合素质，管理学实训模式可以采用多样化形式，包含团队训练、管理情景模拟、案例分析、管理辩论和管理游戏等教学方法。如涉及组织、协调和沟通等内容，一般采用管理情景模拟；涉及决策、计划等内容，一般通过实验模拟等；涉及综合管理能力的培养，一般采用案例分析和管理辩论等教学方法，从而使课内与课外、现实与虚拟、理论与实践密切配合，相互促进。

1.5.3 培训

在开展活动之前由任课教师对实训组全体成员进行相关培训，介绍实训课的目的、组织方式及实施过程，对实训组提出相关要求，如：查找文献资料，做好课前准备，包括小组成员的确定和分工、做好理论陈述 PPT 和模拟排练等；活动开始前要由组员紧扣本实训课所需理论进行陈述，帮助同学们学习相关知识；要运用各种互动方式，让学生有身临其境之感，亲身体验管理技巧，加强管理技能的锻炼，提高学生灵活运用管理知识、解决实际问题的能力，实训课结束后要对本次活动进行总结并写出书面实训报告。

1.5.4 实施

团队训练、管理情景模拟、案例分析、管理辩论和管理游戏等实训模式都可以采用事先告诉学生实训的某个主题，让他们选好小组成员，分配好各自要承担的任务，然后在实训课堂上首先用 PPT 将理论进行讲述，其次按照具体的实训模式进行分析、辩论或者游戏，最后教师进行总结和考核。例如管理情景模拟和角色扮演相结合的实训方式的一般过程是：学生围绕某个探究的中心问题，事先设定特定的环境，给学生分配特定的岗位或角色，规定具体的目标，由学生进行表演，以此来引导学生共同探求解决问题的方法和策略，帮助学生形成处理问题的恰当方法与技巧。教师则进行阶段性点评和最终总结。

1.5.5 实训效果考核

实践教学考核主要是通过设计考核指标和标准来评价学生在实践过程中的综合表现。本质上，实践教学考核方式属于考试改革的范畴。实践教学法以衡量并提升学生综合素质为导向，建立基于能力评价的综合考核体系，实现对学生综合素质的科学评价。

教师可以制定“某某学期某班管理学实训课程成绩汇总表”，设计时需考虑过程考核（即在教与学的过程中学生的各方面表现，过程考核包含上课考勤、课堂讨论、课后作业），占实训成绩40%；结果考核（即学生的实训成果）占实训成绩40%；终结性考核（即不限形式的期末考试）占实训成绩的20%。上课考勤要求按时上课，迟到、早退三次算作一次旷课，旷课一次扣3分，课程中有4次旷课，取消考勤成绩；课堂讨论包含认真听讲、积极思考，此项目基数为0分，每回答一次问题或参与讨论问题加1分，加分上限为10分；课后练习作业是指每次课程都有相应的任务需要完成，在课堂上完成的部分，老师将给予整改意见，其余部分学生将在课后完成，按照各小组的进度和质量，达到每个任务要求的给基础分，优秀的加分，具体设置见附录1。

第 2 章 管理学实训课程各模块内容

2.1 主要内容展示

2.1.1 主要内容展示内涵

管理学实训以小组为单位进行，小组展示主要内容是实训操作的第一步，所展示的主要内容按照教师的教学进度安排和管理学理论体系予以选取，同时根据学生的实际情况按照由易到难的逻辑思维进行操作。通过该步骤便于其他小组同学对本次实训的内容有一个初步的了解，也有利于展示主要内容的同学提高对理论的掌握。

2.1.2 主要内容展示的意义

（1）让同学们对于要学习的内容有一个初步印象。各小组组长将实训操作所涉及的内容以语言或者文字形式向其他同学说明，让同学们知道这次实训的内容包括哪些，对于实训操作有一个整体印象。

（2）培养团队精神。主要内容的展示需要小组成员分工协作，有的同学负责内容的取舍，有的同学负责主要内容的展示，有的同学负责语言文字的组织，整个过程体现了团结协作，是集体精神的体现。

（3）培养语言表达能力。展示主要内容需要口齿流利，有逻辑思维，讲究主次，做到重点突出，难点突破，避免语无伦次，废话过多，这就需要同学们事先预演，做好准备工作。

（4）培养对理论进行分析和梳理的能力。管理学理论很多，也很丰富，在短暂的时间里不可能将所有的内容都一一展示，这就需要同学们将理论进行详略取舍，有主有次，将与实训相关的内容予以介绍，无关内容则删除或者一笔带过。

2.1.3 主要内容展示形式

小组展示主要内容采用 PPT 的形式，该形式生动形象，让同学们既听得到，也看得到，有利于同学们对知识的了解和掌握，有利于培养同学们制作 PPT 的能力，有利于培养同学们的团队协作能力。同学们使用 PPT 的时候既可以一人单独使用，也可以多人合作使用，即一人操作 PPT，另一人讲述理论，或者多人讲述，作为小组成员的每个同学负责讲述一部分。

2.1.4　教师任务

（1）监控全场。上课教师要留意每个同学的行为，力争全体参与，每个同学都有任务，要求没有讲述主要内容的同学要注意听，要思考如果自己上去展示，自己会展示哪些内容，会采用哪些形式，会怎样制作 PPT。

（2）总结评论。上课教师要对每一个小组的主要内容展示进行总结，指出其成功之处和有待改善的地方，并对各小组进行评比，评选出一、二、三等奖，以此作为记录平时成绩的依据。

2.2　团队训练

2.2.1　团队训练内涵

团队训练以小组为单位，采用小组成员团结协作的形式进行。各小组依据管理学理论，围绕其中某一主题，分工协作，共同完成。该方式既可以在课堂上进行，也可以在课后进行。通过协作，提高团队意识，增强对理论的掌握和巩固，增强动手操作能力，同时又加深了同学之间的感情。

2.2.2　团队训练意义

（1）提高动手操作能力。在团队训练中老师是领路人，是管理者，只起引导和控制作用，不指导同学们的具体操作，同学们根据主题的不同分工协作，有的是收集资料，有的是将资料予以整合，有的是上来表演，避免平常课堂教学的枯燥乏味，提高了同学们相应的动手能力。

（2）培养沟通能力。团队训练是语言交流类活动，在团队训练中，各小组成员之间需要进行沟通，才能较好地理解实训主题的含义，防止文不对题，出现偏差，同时任务的分配需要沟通，任务的完成也需要沟通，通过团队训练有利于提高同学们的沟通能力。

（3）增强同学间的友谊。团队训练项目需要各小组成员共同合作才能高效完成，如果仅靠某一两个同学，这几个同学将会很辛苦很累，甚至效率不一定高，这就需要发挥团队的力量。在团队训练中，各小组成员之间交流了思想，加深了感情，增强了彼此的信任感。

2.2.3　团队训练形式

（1）依托网络，查找资料。围绕实训主题，以小组为单位查找相关资料，资料的选取要与实训相关，要与所学理论相关，做到有的放矢，有针对性，有学习氛围。

（2）制作 PPT 并展示内容。小组成员以 PPT 形式讲述某一理论或案例，在此过程中既要有同学负责收集资料，也要有同学制作 PPT，还要有同学上台演示，整个过程团结协作，培养制作 PPT 的能力。

（3）其他形式。其他需要团结协作才能完成的训练项目都可以采用，要求与主题相关，容易操作，既可以课堂上完成，也可以课后完成。

2.2.4 团队训练要求

（1）各小组成员都要参与。团队训练顾名思义是以团队形式进行的训练，需要所有小组成员都参加，才能发挥团队的力量，减轻单兵作战的辛劳，提高学习和工作效率。

（2）围绕主题，分工协作。团队训练既要全员参与，还要注意与实训主题相结合，与理论相结合，做好对理论的补充，更好地理解理论和掌握理论。

2.3 情景模拟

2.3.1 情景模拟教学法内涵

情景模拟教学法是教师根据教学内容和教学目标，有针对性地设计情景，并让学生扮演情景角色（也可轮流扮演），学生从所扮演角色的角度出发，运用所学知识，自主分析与决策，以提高学生分析问题和解决问题的技能。这种教学方法突出操作性、讲究趣味性、注重实效性，实现了理论与实践的接轨、素质教育与社会需要的接轨。

2.3.2 情景模拟教学法与传统教学法的关系

情景模拟教学法与传统教学方法互为补充、相辅相成。传统教学法在知识传授的系统性、扎实性和快速性方面确有独到之处，在现阶段可谓是一种最经济的教学模式，在目前的教学中是无法摒弃的。情景模拟教学将部分真实生活引进课堂，使学生在相对短暂的时间内接触到一些管理活动，自己寻找问题的突破口，从成功中学习经验，从失败中吸取教训，从困境中学习摆脱困境，从危机中学习处理危机。学生要全员参与模拟活动，不断提升学生的体验感悟能力。

2.3.3 情景模拟教学法特点

（1）针对性。情景模拟教学中所模拟的情景都是根据教学内容，紧密结合理论而进行设计的，具有比较强的针对性。

（2）联系实际。情景模拟教学中所模拟的情景既要根据理论教学内容，同时又要考虑到现实生活情况，考察学生分析和解决实际工作问题的能力，因此该教学方法是基于企业实际，模拟该状态下企业的管理。

2.3.4 教师任务

（1）做好准备工作。教师在活动前要进行周密的设计，强调规则和严肃性，模拟情景的选择既要根据教学内容，又要联系实际，具有针对性和可操作性。

（2）维持课堂秩序。教师要采取一些必要的控制手段，加强对学生的组织和管理，以取得理想的效果。当学生所扮演的角色在模拟案例的讨论出现问题时应及时帮助解决，当学生所扮演的角色离题太远时要及时帮助调整，以获得最佳效果。

（3）分析总结。当情景模拟结束时，教师要对情景模拟的全过程进行总结，并提出一些更深层次的问题，引导学生课后继续深入思考。

（4）对学生进行思想动员。情景模拟实训活动要获得预期的效果，必须让同学们在思想上引起重视，在行为、情感和认知上积极投入。因此，要求学生以小组为单位全员参与模拟活动，通过分工确保小组成员都承担一定任务，共同合作实现情景模拟的目标。

2.4　管理辩论

2.4.1　管理辩论内涵

辩论教学模式，即在课堂中采用分组辩论的方式来教学，是指师生之间或学生之间围绕特定的主题（辩题），引入竞争机制，通过一定的组织形式，针对同一个有争议的事物或问题，在课堂上运用一定的事实从不同的角度来表达各自不同的见解，让学生在辩论中主动获取知识的一种教学方式。管理学实训课程中采用辩论教学模式就是要在自主、激烈的氛围中引导学生扮演课堂的主要角色，让学生加深对理论的掌握和巩固。

2.4.2　辩论教学模式的基本步骤

（1）选定辩论的主题。辩论应有一个主题，辩论的主题一定程度上决定了辩论的效果。因此，辩论教学首先应精选辩题。“管理学”辩论的主题要按照教学计划，根据教学目的，结合管理学基本理论一个或多个知识点，反映时代潮流，激发学生的兴趣。

（2）收集资料，做好辩论准备。辩论主题确定之后，学生要积极准备，收集相关文献资料，形成辩论手稿。只有学生积极参与、认真思考，才能达到辩论的预期效果。

（3）双方辩论。双方根据对方的回答，找出认为对方不合理的地方进行辩论，通过辩论锻炼同学的反向思维及应变能力，时间可根据辩论情况自由掌握。

（4）自由提问。通过双方的陈述和辩论，其余同学已经能够做出自己的判断，辩论结束以后同学们可以结合自己的认识对任何一组提出相关的问题，并互相讨论。目的是提高同学们的参与热情，也能够督促辩论小组在辩前充分准备。

（5）总结陈词。每组指定一人对案例所采取的措施做优劣两方面的总结陈词，时间控制在3分钟左右。

（6）教师总结。通过激烈的辩论，各种不同的观点以及支撑观点的论据均得以充分展现，学生可能越辩越糊涂，迷失自我。因此，教师对双方的辩论进行总结，总结的目的不是给学生一个标准答案，而是针对学生在辩论中的具体表现给予恰如其分的评价，肯定辩论双方的成绩，指出今后需要改进的地方。辩论教学毕竟是一种比较新的授课方式，学生可能不太适应，教师对学生的参与热情应给予高度肯定，而对辩论的对错应进行淡化处理，提高他们的积极性。

2.4.3 教师任务

（1）由于学生最初接触这门课时，在概念理解和原理掌握方面都比较薄弱，所以在课堂辩论中会出现这样或那样的问题，特别是容易偏题和冷场，影响辩论的效果。对此，教师应及时进行引导以保障辩论的顺利进行。

（2）将辩论纳入到课程成绩的考核。为了激励学生参与《管理学》实训的课堂辩论，教师应将辩论课程纳入平时成绩考核，并按一定比例计入期末成绩，以此强化学生的参与意识。成绩的考核既要参考参与度，还要参考辩论手稿，这两个部分都要给予评分。

（3）创造和谐及良好的气氛，调动学生的参与热情。辩论开始，学生有可能胆怯，不敢为人先，教师需要多鼓励他们激发大家辩论的热情。同时，教师要努力营造一种公平、开放、自由的辩论氛围，让学生不为“书”，不为“师”，尽量敞开自己的心扉来进行辩论。

2.4.4 注意事项

（1）选择合适的辩论主题。选择合适的辩题是辩论取得良好教学效果的前提条件，一个好的管理学辩题一方面能够满足教学目的，另一方面也可以帮助学生拓宽相关的理论知识面，因此需要选取合适的辩论主题。

（2）辩论小组规模的控制。在人数少时辩论效果能够达到良好，但是在人数多的大班里，课堂控制力度不好的话，很容易出现偏题、混淆概念等错误。所以在设计辩论小组时需要考虑人数、人员构成、可对抗性等多方面因素，使辩论各方都同等地具有辩论的机会，防止辩论过程中出现一边倒的倾向。

（3）辩论点评。教师点评过程中，一定要注意不要一味地批评，这将会打击学生的自信心，并会降低学生对管理学的学习热情；也不要一味地表扬，一味地表扬无法让学生发现自己辩论时的缺点，特别是专业知识方面的不足。因此，在点评时，首先应该肯定学生们辩论所取得效果以及辩论过程中的思维闪光点，然后再指出辩论内容方面的具体不足，并对其进行鼓励。

2.5 案例分析

2.5.1 案例教学法内涵

案例教学法是一种以案例为基础的教学法（case - based teaching），案例的选取来源于生活实际，并结合理论，设计出在某种情景下管理者所面临的问题，让学生去讨论和思考。案例教学法起源于1920年代，由美国哈佛商学院（Harvard Business School）所倡导，当时所选用的案例都是来自商业管理的真实情境或事件，通过这种方式，有助于培养和发展学生分析解决问题的能力，提高学习积极性，活跃课堂气氛。

2.5.2　案例教学法特点

（1）独立思考。案例分析材料所涉及的问题需要学生仔细阅读材料，独立进行思考，从而将枯燥乏味变得生动活泼，从被动的灌输变为主动的参与，在案例教学的后期，则需要每位学生基于自己的思考和其他同学进行交流和讨论。通过这种经验的交流，一是可取长补短、促进人际交流能力的提高；二是起到一种激励的效果。

（2）从注重于知识的学习转变为注重能力的培养。管理学是理论，是一门学科，管理学的教学方法需要改革，需要增加实训内容，增加学习趣味性，提高学生分析和解决问题的能力。

（3）重视双向交流。在案例教学中，学生拿到案例，经过分析思考后，查阅各种相关资料，经过深思熟虑，提出解决问题的方案，进一步上升为学生的能力。同时他的答案随时可以由教师给以引导，这也促使教师加深思考，根据学生的不同理解补充新的教学内容。

2.5.3　案例教学法步骤

（1）出示案例分析材料。教师根据教学目标，出示案例分析材料，选取的材料与理论相关，与实际相结合，具有真实性和典型性等特点。

（2）小组讨论准备。学生自由组合，或者由学习委员进行分组，一般都是以宿舍为单位进行分组，这样小组成员沟通方便，同时又更进一步加深了小组成员的感情。各个学习小组的讨论在教室里进行，同一小组成员集中在一起，以他们自己有效的方式组织活动，教师不进行干涉。

（3）小组发言。各个小组派出自己的代表，发表本小组对于案例的分析和处理意见。发言时间一般应该控制在5分钟以内，发言完毕发言人要接受其他小组成员的讯问并做出解释，此时本小组的其他成员可以代替发言人回答问题。

（4）教师总结。在小组发言完成之后，教师对同学们的表现进行总评，可以从专业知识的结合程度、语言表达能力、团结协作等方面进行，尽量挖掘学生闪光点，采用鼓励性语言，对学生进行表扬。

2.5.4　案例教学法形式

（1）提前出示案例材料，让学生独立分析或者以小组为单位进行分析，然后以书面作业的形式完成，或者以PPT的形式将问题的解答在课堂上进行演讲。这种形式适用于分析的材料比较长，学生需要仔细思考，着重于培养学生的参与性和缜密思考的能力。

（2）课堂上临时出示案例材料，让学生现场思考，然后发表自己的意见。这种方式给学生的思考时间比较短，一般5分钟左右，适用于案例的材料比较短，学生必须在较短时间内完成，着重于培养学生的快速应变能力。

2.5.5　案例教学法注意事项

（1）真实性。案例材料的选取必须经过深入调查研究，来源于实践，切不可由教师主观臆测，虚构而作。案例一定要注意真实的细节，让学生好像是在真实的企业情景中，这样学生才能认真地对待案例中的人和事，认真地分析各种数据和错综复杂的案情，才有可能搜寻知识、启迪智慧、训练能力。

（2）相关性。注意所选案例要紧扣教学内容，案例分析的目的是使学生加深对所学理论知识的理解和运用理论知识解决实际问题的能力，因此，所选案例必须是针对课程内容的。

（3）典型性。案例是为教学目标服务的，因此它应该具有典型性，即案例内容具有一定的代表性和普遍性，具有举一反三、触类旁通的作用，而不是实践中根本不会发生的案例，且典型的案例往往涉及的关系比较全面，涵盖的法律知识较多，有助于学生从各个方面对所学理论加以验证，从中得出正确结论。

2.6 管理游戏

2.6.1 管理游戏教学法内涵

管理游戏教学法是在一种以完成某项“实际任务”为基础的团队模拟活动中进行的教学方式，通常采用小组形式进行，数名学生组合成一个小组，就给定的材料、工具或者根据某一主题共同完成一项游戏任务，并在任务结束后进行讨论交流。该方法可以充分调动学生的学习积极性，激发他们运用有关理论和原则、决策力与判断力对游戏中所设置的种种“遭遇”进行分析研究，采取必要的有效方法去解决问题，以争取游戏的胜利。

2.6.2 管理游戏教学法的目的

（1）调动学生的学习积极性。管理游戏教学法中所选取的游戏围绕主题，带有趣味性，可以激发学生内心的好奇与兴趣，让学生在充分享受到参与乐趣的同时，促使学生实现自己当主角的目的，达到激发学生学习积极性的目的。

（2）培养学生的创造性思维。游戏是一种能够激发发散性思维的载体。在管理游戏情景设置中，学生遇到的情景问题需要他们调动自己的全部思维力量去解答，促使他们突破传统的思维方式，树立创造性思维的观念。

（3）改变课堂上的沉闷气氛。用管理游戏教学法可以彻底打破以往课堂传统教学中那种沉闷的气氛，创造一种温暖、热烈的氛围，加深双方的相互了解，增进同学之间的友谊。

2.6.3 教师任务

（1）驾驭课堂。在管理游戏开展过程中会出现意料之外或不利于课堂发展的问题，对于这些问题教师要充分估计到并采取相应应急处理措施，例如冷场了怎么办，跑题了怎么办，中间怎样引申，最后如何归拢等，有必要或有条件的话可以进行课前演练，对游戏所需要的道具或器械也要检查再三，这样才能做到心中有数，沉着驾驭课堂。

（2）努力营造游戏的氛围。教师不仅要指导学生完成游戏过程的内容，把所要阐述的教学思想穿插到游戏中去，更要努力营造一个良好氛围，使人人能够畅所欲言，人人都想发表自己的见解。

（3）做好游戏后的点评工作。教师通过不断地追问，引导学员进行深思，从而使学员对所学内容有更深刻的认识和理解。

2.6.4　管理游戏教学法注意事项

（1）选好游戏题材。管理游戏题材的选择要与教学内容相适应，要有趣味性，同时还要注意难度适当、时间合适，并且易于操作。教师在平时就要多积累、多开发和设计一些比较好的游戏，在需要的时候才能随手拈来，恰到好处。

（2）制订并坚持公平的游戏规则。游戏规则要科学、准确，简单明了，公正公平。语言表述不能模棱两可，让人产生歧义，否则会造成教师行为的被动，影响课堂效果。

（3）明确参与游戏的态度。管理游戏教学和其他教学方式一样，都有明确的教学主题、内容和目的，不能嘻嘻哈哈，马马虎虎。游戏前，教师首先要对学生提出要求，使其遵守游戏规则；游戏中，应严格遵循情景设置，并按照程序一步步准确完成。

实 训 篇

第 1 章　管理活动与管理理论

1.1　小组展示主要内容

小组展示主要内容为管理活动与管理理论的重点内容，采用各小组以 PPT 的形式予以展示，主要包括如下：

（1）管理者技能；

（2）管理者角色；

（3）泰勒科学管理理论；

（4）法约尔一般管理理论；

（5）韦伯的官僚制理论。

1.2　团队训练

1.2.1　团队训练 1：合作开店

你和你的伙伴决定在学校里开一家饮料小食店，主要提供各种果汁、汽水、小食等，营业时间为早 8：00 至晚 22：00。在饮料小食店的初始投入中，你们每人投资 2000 元，同时向银行贷款 2 万元。除了在餐饮店做过服务生和常喝饮料外，你和你的伙伴没有一点餐饮店管理方面的经验。现在，你们面临着如何管理这家饮料小食店以及分配各自管理角色的任务。

请每个团队决定你们各自在饮料小食店中的管理角色。例如，你们分别负责哪些必要的部门和特定的活动？你们的管理层级如何设置？为了成功地经营该饮料小食店，需要建立什么样的竞争优势？你们将采用什么样的标准来衡量自己对饮料小食店的管理是否成功？

1.2.2　团队训练 2：实地调查

每个团队由 3 ～ 4 个人组成，访问或调查一个你们认为成功的企业和企业家，了解该企业和企业家的相关背景，以 PPT 准备 5 分钟的发言，主要内容包括组织的历史、管理者角色、管理者技能、管理者领导方式和领导风格类型等内容。

1.2.3 团队训练3：理论讲述

每个小组根据科学管理理论、一般管理理论和行为科学理论，结合网上资料，任选一个管理理论做介绍。内容包括：该理论代表人生平简介、该理论主要内容、该理论的来龙去脉、该理论的贡献和局限性以及该理论在实践中的运用等内容。将所收集的材料做成PPT，并在课堂上进行讲解，要求每个同学都要参与，同时做到言简意赅和紧密结合理论。

1.3 管理情景模拟

1.3.1 管理情景模拟1：会议主持人的角色模拟

作为会议主持人，你将以何种角色、行使哪种职权以及如何处理以下困境？

（1）小张喜欢拖拖拉拉，开会总是迟到。

（2）小王在会上默不作声。

（3）小李和老王在会议上争执起来。

1.3.2 管理情景模拟2：管理者技能的模拟

在本次情景模拟中，总共有A、B、C、D、E五位同学共同参与。A同学扮演高管，属于高层管理者，具有较强的概念技能和人际技能，技术技能相对微弱；B、C同学扮演相同部门不同班的主管，属于中层管理者，概念技能、人际技能和技术技能相互持平；D、E同学扮演销售人员，属于低层管理者，具有较强的技术技能，掌握一定的人际技能，但对于概念技能稍为欠缺；F同学扮演业务客户。

情景一：此时由高管向部门主管下达任务，要求达到某业绩。

情景二：主管再向其部门的销售人员传达任务，并严格按照要求执行。

情景三：销售人员为了不受到处罚，发挥自己的技术能力，与同一位业务客户进行争夺，为公司争取更多的利润。

【知识链接】

不同层次的管理者对各种技能的要求程度会有所不同。一般来说，处于高层的管理人员，需要制定全局决策，所做的决策影响范围广、影响期限长。因此，他们需要更多地掌握概念技能，进而把全局意识、系统思想和创造精神渗透到决策过程中。作为基层管理人员，他们每天大量的工作是与从事具体作业活动的工作人员打交道。他们有责任检查工作人员的工作，及时解答并同工作人员一起解决实际工作中出现的各种具体问题。因此，他们必须全面而系统地掌握与本单位工作内容相关的各种技术技能。对所有层次管理的重要性大体相同的技能是人际技能。

1.3.3 管理情景模拟3：处理应急事件发生的模拟讲话

时值大旱，按照年初同供水单位签定的配水协议，张庄和郝庄将一前一后对大田小麦进行浇水保收。由于旱情严重，郝庄认为张庄有6眼机井仍可浇地，没经商量便在村干部们的指使下堵上了张庄渠口，擅自开渠浇地。张庄村民发现后，遂由村支书召集近百人冲至渠上同郝庄村民发生争执。扁担、铁锹的对峙与械斗一触即发。正在这时，刚刚上任的王副县长和办公室主任途经此地，他深感事态严重，便奋不顾身挤入两村群众中讲了一席话，把一场一触即发的流血事件平息了。

【模拟事项】

在5分钟时间内，请你根据上述情景，模拟王副县长讲话。

1.3.4 管理情景模拟4：工作汇报

你单位要组织一个挂职干部交流会，有领导要到场，你的直接领导已把具体的方案给了你，让你开展工作，现在当我是领导，你向我汇报工作的情况。

【答题要点】

（1）按照模拟汇报的要求，开头有称呼，结尾有结束语。

（2）按照组织交流会的要点确定作答要点，包括工作人员和参会人员，通知方式和内容，交流会形式等。

1.4 管理辩论

1.4.1 管理辩论1：高层管理者是否需要掌握基础技术技能

【关键词】

概念技能；技术技能；人际技能

【知识链接】

一般来说，高层管理者并不经常性地从事具体的作业活动，所以并不需要全面掌握完成各种作业活动必备的技术技能，主要着重于概念技能。但是他们也需要对技术技能有基本的了解，否则就无法与他们所主管的专业技术人员进行有效的沟通，从而也就无法对他们所管辖的业务范围内的各项管理工作进行具体的指导。在现实生活中，对技术技能一窍不通的人不能成为高层管理者，但那些在某一专业领域是专家而对其他相关领域专业技术知识一无所知的人也绝对不会成为一名称职的高级管理人员。

1.4.2　管理辩论2：管理是科学还是艺术

【知识链接】

1. 管理的艺术性

艺术性：即实践性、创造性，是指在实践中创造性地运用管理理论知识的技巧，必须将管理理论与具体的实践活动相结合。

2. 管理的科学性

科学性：反映管理实践活动的客观规律，管理理论来自实践，又指导实践，有一套分析、解决问题的方法论。

1.4.3　管理辩论3：泰勒科学管理理论与法约尔一般管理理论哪一个更能提高劳动生产率

【关键词】

科学管理理论；一般管理理论

【知识链接】

1. 泰勒科学管理理论

(1) 对工人提出科学的操作方法，以便有效利用工时，提高工效。

研究工人工作时动作的合理性，去掉多余的动作，改善必要动作，并规定出完成每一个单位操作的标准时间，制定出劳动时间定额。

(2) 对工人进行科学的选择、培训和晋升。

选择合适的工人安排在合适的岗位上，并培训工人使用标准的操作方法，使之在工作中逐步成长。

(3) 制定科学的工艺规程，使工具、机器、材料标准化，并对作业环境标准化，用文件形式固定下来。

(4) 实行具有激励性的计件工资报酬制度。

对完成和超额完成工作定额的工人以较高的工资率计件支付工资，对完不成定额的工人，则按较低的工资率支付工资。

(5) 管理和劳动分离。

2. 法约尔一般管理理论

(1) 从企业经营活动中提炼出管理活动。

(2) 倡导管理教育。

(3) 提出五大管理职能。

(4) 提出十四项管理原则。

【辩论总结】

泰勒的科学管理的根本目的是谋求最高效率，而最高的工作效率是雇主和雇员达到共同富裕的基础，使较高工资和较低的劳动成本统一起来，从而扩大再生产。要达到最高的工作效率的重要手段是用科学化的、标准化的管理方法代替经验管理。泰勒的研究是从“车床前的工人”开始，重点内容是提高劳动生产率。法约尔的研究则是从“办公桌前的总经理”出发的，以企业整体作为研究对象。他认为，管理理论是“指有关管理的、得到普遍承认的理论，是经过普遍经验检验并得到论证的一套有关原则、标准、方法、程序等内容的完整体系”；有关管理的理论和方法不仅适用于公私企业，也适用于军政机关和社会团体。因此将泰勒科学管理理论和法约尔一般管理理论相互结合能够更好地提高劳动力生产效率。

1.5 案例分析

1.5.1 案例分析1：甜美的音乐

马丁吉他公司成立于1833年，位于宾夕法尼亚州拿撒勒市，被公认为世界上最好的乐器制造商之一，就像Steinway的大钢琴、Rolls Royce的轿车或者Buffet的单簧管一样，马丁吉他每把价格超过10 000美元，是你能买到的最好的东西之一。这个家族式的企业历经艰难岁月，已经延续了六代。目前的首席执行官是克里斯琴·弗雷德里克·马丁四世，他秉承了吉他的制作手艺。他甚至遍访公司在全世界的经销商，为他们举办培训讲座。很少有哪家公司像马丁吉他一样有这么持久的声誉，那么，公司成功的关键是什么？一个重要原因是公司的管理和杰出的领导技能，它使组织成员始终关注像质量这样的重要问题。

马丁吉他公司自创办起做任何事都非常重视质量。即使近年来在产品设计、分销系统以及制造方法方面发生了很大变化，但公司始终坚持对质量的承诺。公司在坚守优质音乐标准和满足特定顾客需求方面的坚定性渗透到公司从上到下的每一个角落。不仅如此，公司在质量管理中长期坚持生态保护政策。因为制作吉他需要用到天然木材，公司非常审慎和负责地使用这些传统的天然材料，并鼓励引入可再生的替代木材品种。基于对顾客的研究，马丁公司向市场推出了采用表面有缺陷的天然木材制作的高档吉他，然而，这在其他厂家看来几乎是无法接受的。

马丁公司使新老传统有机地整合在一起。虽然设备和工具逐年更新，雇员始终坚守着高标准的优质音乐原则。所制作的吉他要符合这些严格的标准，要求雇员极为专注和耐心。家庭成员弗兰克·亨利·马丁在1904年出版的公司产品目录的前言里向潜在的顾客解释道：“怎么制作具有如此绝妙声音的吉他并不是一个秘密。它需要细心和耐心。细心是指要仔细选择材料，巧妙安排各种部件，关注每一个使演奏者感到惬意的细节。所谓耐心是指做任何一件事不要怕花时间。优质的吉他是不能用劣质产品的价格造出来的。但是谁会因为买了一把价格不菲的优质吉他而后悔呢？”虽然100年过去了，但这些话仍然是公司理念的表述。虽然公司深深地植根于过去的优良传统，现任首席执行官马丁却毫不迟疑地推动公司朝向新的方向。例如，在20世纪90年代末，他做出了一个大胆的决策，开始在低端市场上销售每件价格低于800美元的吉他。低端市场在整个吉他产业的销售额中占65%。公司DXM型吉他是1998年引入市场的，虽然这款产品无论外观、品位和感觉都不及公司的高档产品，但顾客认为它比其他同类价格的绝大多数吉他产品的音色都要好。马丁为他的决策解释道："如果马丁公司只是崇拜它的过去而不尝试任何新事物的话，那恐怕就不会有值得崇拜的马丁公司了。"

马丁公司现任首席执行官马丁的管理表现出色，销售收入持续增长，在2000年接近6亿美元。位于拿撒勒市的制造设施得到扩展，新的吉他品种不断推出。雇员们描述他的管理风格是友好的、事必躬亲的，但又是严格的和直截了当的。虽然马丁吉他公司不断将其触角伸向新的方向，但却从未放松过对尽其所能制作顶尖产品的承诺。在马丁的管理下，这种承诺决不会动摇。

【关键词】

管理技能；管理者角色

【问题】

1. 根据卡特兹的三大技能理论，你认为哪种管理技能对马丁最重要？解释你的理由。

2. 根据明茨伯格的管理者角色理论，说明马丁在分别扮演什么管理角色？解释你的选择。

（1）当马丁访问马丁公司世界范围的经销商时；

（2）当马丁评估新型吉他的有效性时；

（3）当马丁使员工坚守公司的长期原则时。

3. 马丁宣布："如果马丁公司只是崇拜它的过去而不尝试任何新事物的话，那恐怕就不会有值得崇拜的马丁公司了。"这句话对全公司的管理者履行计划、组织、领导和控制职能意味着什么？

4. 马丁的管理风格被员工描述为友好、事必躬亲，但又是严格和直截了当。你认为这意味着他是以什么方式计划、组织、领导和控制的？你认为这种管理风格对其他类型的组织也有效吗？说明你的观点。

【知识点链接】

亨利·明茨伯格研究发现管理者扮演着十种角色，这十种角色可被归入三大类：人际角色、信息角色和决策角色。

根据罗伯特·卡茨（1974）的研究，管理者要具备三大技能。

技术技能：运用其所监督的专业领域中的过程、惯例、技术和工具的能力。

人际技能：成功地与别人打交道并与别人沟通的能力。

概念技能：产生新想法并加以处理，以及将关系抽象化的思维能力。

【案例分析】

1. 根据卡特兹的三大技能理论，你认为哪种管理技能对马丁最重要？解释你的理由。

从案例中，我们知道马丁是首席执行官，属于高层管理者。作为高层管理者，概念技能对马丁最重要。因为他必须制定指导性计划和吉他公司的发展愿景。这种管理技能往往来自组织的高层，即高层管理者马丁。除此之外马丁还必须具备一定的人际技能，以便其将这些公司的指导性计划和发展愿景与中层、基层管理者以及操作者进行沟通，取得他们的支持，从而带来组织的成功。马丁需要最少的是技术技能，他会雇用有必备技术技能的员工去制造质量卓越的马丁吉他。然而雇用能满足组织宗旨和计划的员工是一项困难的工作，因此这种技能必须来自马丁。

2. 根据明茨伯格的管理者角色理论，说明马丁在分别扮演什么管理角色？解释你的选择。

（1）当马丁访问马丁公司世界范围的经销商时；

（2）当马丁评估新型吉他的有效性时；

（3）当马丁使员工坚守公司的长期原则时。

从案例中，我们看到：（1）当马丁访问马丁公司世界范围的经销商时，他在扮演挂名首脑、领导者、传播者和监听者的角色。当马丁代表公司环世界访问时，他在扮演挂名首脑；当马丁访问经销商，并向他们展示坚定的、值得追随的领导风采时，他在扮演领导者；当马丁将公司总部的信息传递给各个经销商，并提供给他们最新的公司信息时，他在扮演传播者；当马丁访问各个经销商时，由于他能汇集各个经销商的信息给公司总部，以便改进产品和服务，因此他在扮演监听者角色。

（2）当马丁评估新型吉他的有效性时，他在扮演企业家和混乱驾驭者。作为企业家，马丁站在技术前沿，寻求公司的发展机会，带领公司达到新的水平。马丁在评估新型吉他的有效性时，他要在多种设计方案间进行比较，选择最终方案是否与新型吉他相匹配，这时他在扮演混乱驾驭者。

（3）当马丁使员工坚守公司的长期原则时，他在扮演领导者、谈判者和资源分配者。马丁吉他的长期原则是公司过去、现在乃至将来发展的关键因素。马丁作为领导者，他重申并使员工始终聚焦于该目标上。他还可以运用这些原则处理各种冲突和资源配置，这时他在扮演谈判者和资源分配者。

3. 马丁宣布："如果马丁公司只是崇拜它的过去而不尝试任何新事物的话，那恐怕就不会有值得崇拜的马丁公司了。"这句话对全公司的管理者履行计划、组织、领导和控制职能意味着什么？

这里，马丁实际上是强调马丁吉他必须变革，才能走向美好的明天。如果马丁的管理层假定顾客需求和竞争者仍然保持现状，马丁吉他公司将走向衰落乃至退出。因此，他的这句话对于管理者意味着要始终牢记在产品、过程和服务上进行变革与创新。也就是说，管理者要在计划、组织、领导和控制等所有职能的履行中进行变革与创新。

4. 马丁的管理风格被员工描述为友好、事必躬亲，但又是严格和直截了当。你认为这意味着他是以什么方式计划、组织、领导和控制的？你认为这种管理风格对其他类型的组织也有效吗？说明你的观点。

这种管理风格意味着他既是员工导向型，又是过程导向型的管理者。这种管理风格对于其他类型的组织也相当有效。

资料来源：余敬，刁凤琴．管理学案例精析．北京：中国地质大学出版社，2006.

1.5.2 案例分析2：管理者该干什么？

黎华是某新华书店邮购部经理。该邮购部每天要处理大量的邮购业务，一般情况下，登记订单、按单备货、发送货物等都是由部门中的业务人员承担的。但在前一段时间里，接连发生了多起A要的书发给了B，B要的书却发给了A之类的事，引起了顾客极大的不满。今天又有一大批书要发送，黎华不想让这种事情再次发生。

请问：他应该亲自核对这批书，还是仍由业务员们来处理？

【关键词】

管理；管理者角色；管理者技能

【管理点评】

管理是指组织为了达到个人无法实现的目标，通过各项职能活动，合理分配、协调相关资源的过程。管理者的首要任务是明确目标；管理者的职责就是围绕目标寻找各种方法、整合各种资源，并激励员工有效达成目标。

所以管理者应该让下属知道要达到的目标是什么，并让下属知道做事的方法。作为管理者黎华应该查找发错书的原因，进而找出解决该问题的方法，然后告知下属如何做。

1.5.3 案例分析3：管理者的类型

一个老和尚、一个中年和尚和一个小和尚，三人一起走在郊外。小和尚指着前面飘动的旗子说："师父、师祖您看，前面有一面旗子在动！"中年和尚看了看，笑着说："徒弟啊！那不是旗子在动，是风在动！"老和尚听了后，微笑地说："徒弟、徒孙啊！那不是旗在动或风在动，那是你的心在动！"

【关键词】

管理者层次；管理者角色

【启示】

小和尚只看到了表象；

中年和尚却认知道理；

而老和尚则已入哲学层次了。

不同层次的管理者有不同层次的思考，更高层次的经理人要有更高层次的想法及观念才足以领导一个企业。

1.5.4 案例分析4：弥勒菩萨与韦陀菩萨

去过庙的人都知道，一进庙门，首先是弥勒佛，笑脸迎客，而在他的背面，则是黑口黑脸的韦陀。但相传在很久以前，他们并不在同一个庙里，而是分别掌管不同的庙。

弥勒佛热情快乐，所以来的人非常多，但他什么都不在乎，丢三拉四，没有好好地管理账务，所以依然入不敷出。而韦陀虽然管账是一把好手，但成天阴着个脸，太过严肃，搞得人越来越少，最后香火断绝。

佛祖在查香火的时候发现了这个问题，就将他们俩放在同一个庙里，由弥勒佛负责公关，笑迎八方客，于是香火大旺。而韦陀铁面无私，锱铢必较，则让他负责财务，严格把关。在两人的分工合作中，庙里一派欣欣向荣景象。

【关键词】

管理

【知识链接】

管理是指组织为了达到个人无法实现的目标，通过各项职能活动，合理分配、协调相关资源的过程。

【启示】

优秀的管理者善于整合和配置资源，特别是人力资源。在用人大师的眼里，没有废人，正如武功高手，不需名贵宝剑，摘花飞叶即可伤人，关键看如何运用。

1.5.5 案例分析5：管理者角色

张敏是一家造纸厂的厂长，这家工厂面临着一项指控：厂里排放出来的废水污染了邻近的河流，因此，张敏必须到当地的环保局去为本厂申辩。

钱江城是该厂的技术工程部经理，他负责自己那个部门的工作，并与销售部门相协调。

李民负责厂里的生产管理，他刚接到通知：每天向本厂提供包装纸板箱的那家供应厂商遭了火灾，至少在一个月内无法供货。而包装车间想知道，现在他们该干什么。李民说，他会解决这个问题的。

最后一个是罗平，她负责办公室的文字处理工作。办公室里的员工之间为争一张办公桌刚发生了一场纠纷，因为它离打印机最远，环境最安静。

【关键词】

管理者角色；人际角色；信息角色；决策角色

【知识链接】

亨利·明茨伯格研究发现管理者扮演着代表人、领导者、联络者、发言人、监督者、传播者、企业家、资源分配者、动乱处理者、谈判者等十种角色，这十种角色可被归入三大类：人际角色、信息角色和决策角色。

【问题及答案要点】

请对照管理者角色，分析在这家企业里张敏、钱江城、李民和罗平各自扮演了什么角色？

张敏——代表人，谈判者

钱江城——联络者

李民——监督者，联络者，动乱处理者，谈判者

罗平——动乱处理者

1.5.6　案例分析6：联合邮包服务公司（UPS）

UPS雇用了15万名员工，平均每天将900万包裹送到美国各地和其他180个国家。为了实现他们的宗旨“在邮运业中办理最快捷的运送”，UPS的管理当局系统培训他们的员工，使他们以尽可能高的效率从事工作。

UPS的工程师们对每一位司机的行驶路线都进行了时间研究，并对每种运货、暂停和取货活动都设立了标准。

这些工程师记录了红灯、通行、按门铃、穿过院子、上楼梯、中间休息喝咖啡的时间，甚至上厕所的时间，将这些数据输入计算机中，从而给出每一位司机每天工作的详细时间标准。

为了完成每天取送包裹的目标，司机们必须严格遵循工程师设计的程序。当他们接近发送站时，就会松开安全带，按喇叭，关发动机，拉起紧急制动，把变速器推到1挡上，为送货完毕的启动离开做好准备，这一系列动作要严丝合缝。然后，司机从驾驶室出溜到地面，右臂夹着文件夹，左手拿着包裹，右手拿着车钥匙。

他们看一眼包裹上的地址把它记在脑子里，然后以每秒钟3英尺的速度快步走到顾客的门前，先敲一下门以免浪费时间找门铃。送货完毕后，他们将在回到卡车的路途中完成登录工作。

【问题】

1. 联合邮包服务公司的管理体现了什么管理思想？
2. 你如何评价这种管理方法？
3. 你认为UPS的管理可能存在什么问题需要注意或改进？

【知识链接】

科学管理理论着重研究如何提高单个工人的生产率，其中泰勒的贡献主要包括工作定

额、标准化、能力与工作相适应、差别计件工资制、计划职能与执行职能相分离。

1.5.7 案例分析7：梁厂长的烦恼

江南某机械厂梁厂长每天都要处理厂里大大小小的事情几十件，从厂里的高层决策、人事安排，到职工的生活起居，可以说无事不包。梁厂长在厂里的威信很高，大家有事都找他，他也是有求必应。梁厂长一心扑在事业上。每天从两眼一睁忙到熄灯，根本没有节假日，妻子患病他没时间照顾，孩子的家长会他也没时间出席，他把全部的时间和心血都花在了厂里。他多次被市委市政府评为市先进工作者。

在厂里，梁厂长事必躬亲，大事小事都要过问，能亲自办的事决不交给他人办；可办可不办的事也一定是自己去办；交给下属的一些工作，总担心下面办不好，常要插手过问，有时弄得下面的领导不知如何是好，心里憋气。

随着市场环境的变化，厂里的生产经营状况每况愈下，成本费用急剧上升，效益不断下滑。最后，在有关部门的撮合下，厂里决定与一家外国公司合作。如果合作成功，厂里不仅能摆脱困境，而且可能使厂里的生产、技术和管理都跃上一个新台阶。经多方努力，双方领导准备举行签字仪式。仪式举行的前一天，厂里一个单身职工生病住院，梁厂长很关心他，亲自到医院陪他。第二天，几乎一夜未合眼的梁厂长又到工厂查看生产进度，秘书几次提醒他晚上有重要会议，劝他休息一下，但他执意不肯，下午，梁厂长在车间听取职工反映情况时病倒了。晚上，梁厂长带病出席签字仪式，厂里的其他许多领导也参加了，但梁厂长最终没能支撑下去，中途不得不被送进医院。外方领导在了解事情的经过后，对梁厂长的能力表示怀疑，决定推迟合作事宜。

1. 梁厂长在该厂属于（　　）。

A. 基层管理人员　　B. 中层管理人员

C. 高层管理人员　　D. 专业管理人员

2. 梁厂长之所以感到无奈，其主要原因是（　　）。

A. 将本属于其部下完成的工作都“事必躬亲”地亲自做了

B. 本应属于他去思考、解决的企业生产经营的重大问题却几乎都丢在了一边

C. 几乎大事小事都包揽无余

D. 以上三个都正确

3. 如果你是梁厂长，你认为下列哪个做法最不可取？（　　）

A. 决不让自己超量工作

B. 把下属能干的事授权下属去干后，仍不忘奔命于繁琐的管理事务中

C. 抓部下解决不了或无力解决的重大问题，部门间的协调等

D. 授权他人然后就完全忘掉这回事

4. 你认为梁厂长目前最需要加强的是（　　）。

A. 技术技能　　B. 人际技能　　C. 概念技能　　D. 领导技能

5. 根据明茨伯格的管理者角色理论，梁厂长出席与外国公司的合作签字仪式时所扮演的管理者角色是（　　）。

A. 发言人　　B. 谈判者　　C. 领导者　　D. 资源分配者

【关键词】

管理者角色；管理者技能

【知识链接】

亨利·明茨伯格研究发现管理者扮演着代表人、领导者、联络者、发言人、监督者、传播者、企业家、资源分配者、动乱处理者、谈判者等十种角色，这十种角色可被归入三大类：人际角色、信息角色和决策角色。

根据罗伯特·卡茨（1974）的研究，管理者要具备三大技能。

技术技能：运用其所监督的专业领域中的过程、惯例、技术和工具的能力。

人际技能：成功地与别人打交道并与别人沟通的能力。

概念技能：产生新想法并加以处理，以及将关系抽象化的思维能力。

1.5.8 案例分析8："真功夫"

"真功夫"是一家国内快餐连锁企业，它正式亮相是在2004年，早在2009年2月，"真功夫"就已在北京、上海、广州和深圳等多个城市开设了310家直营连锁餐厅，与麦当劳、肯德基形成了竞争。

（1）以"蒸"为主，实现正餐标准化。中式快餐一个师傅决定一份口味，但"真功夫"以经营蒸饭、蒸汤、甜品等蒸制食品为主，蒸的方法容易实现标准化操作。麦当劳、肯德基等洋快餐连锁经营成功，让"真功夫"认识到如果没有标准化体系的支持，传统的中式快餐将难以作为连锁企业迅猛发展。中式快餐要做到标准化，关键是必须摆脱对厨师的依赖，这就要开发一套适合做中餐的标准化烹饪设备。随后"真功夫"与华南理工大学联合研发了一套专门的电脑程控蒸汽柜。利用该套设备，服务员只要将一盅盅饭菜半成品放进蒸气柜里，按照预先设定的流程进行标准化的输入操作，就使得"真功夫"实现"千份快餐同一口味"。

（2）形成标准化作业体系。为了实现连锁复制，"真功夫"立足于本土中式快餐的自身特点，对员工的挑选和培训、厨房岗位操作、市场推广、品质与服务、餐厅经理文书处理等10多个工种、近百个岗位的操作，一一制定了详细的标准体系，并形成了几十万字的《营运手册》。例如，从如何烹饪到如何扫地，每个动作都要求标准化；从顾客进门到离开，公司制作了客户服务分解流程图。这套《营运手册》是在洋快餐营运手册的基础上，结合本土特点的又一次创新，堪称中式快餐业目前最完善的标准化宝典。真功夫的经营管理又往前大大迈进了一步，餐厅营运变得更加标准有序，并大大简化了整个生产及营运的流程管理，使"真功夫"开连锁分店变得更加高效、迅速。

（3）连续提高。在实现餐厅操作标准化的同时，"真功夫"又率先将中式快餐连锁业从传统的前店后厨模式中脱离出来，采用国际现代化的后勤与店面相分离的管理模式，实现了后勤生产标准化。目前，它在全国拥有华南、华东和华北三大后勤中心，总占地面积42 704平方米，并设立了科学严密的流程管理，所有"真功夫"餐厅原料都由后勤统一采购、加工和配送。后台的标准化保证了前台的服务便捷，"真功夫"80秒给顾客上菜，是无数道工序的安排，从生产设施到食品安全体系，全部实行科学管理。2005 年，“真功夫”通过了 HACCP 食品安全管理体系及 ISO9001 质量管理体系两项国际认证，在中国消费者心目中树立了优良的高品质形象。

【知识点链接】

科学管理理论着重研究如何提高单个工人的生产率，其中泰勒的贡献主要包括工作定额、标准化、能力与工作相适应、差别计件工资制、计划职能与执行职能相分离。

【问题及答案要点】

1. “真功夫”采用的是哪种管理理论？为什么？

“真功夫”采用了泰勒的科学管理理论，该理论的核心是用科学的管理办法来提高生产效率。在内容上看，“真功夫”实现标准化体系和对员工培训，这些是科学管理理论的主要内容。

2. 论述该种管理理论的主要内容？

（1）工作定额；（2）能力与工作相适应；（3）实行标准化；（4）差别计件付酬制；（5）计划职能与执行职能相分离。

3. 论述该种管理理论的益处和不足？

优点：泰勒以生产实践为基础，应用科学方法对管理问题进行深入的研究，打破了只凭个人经验和个人判断管理企业的传统观念，为科学管理奠定了基础。他非常强调实践对理论的作用，强调应在实践中运用管理技术和管理方法，强调应根据实际经济效果来决定具体管理方法的取舍，极大地促进了劳动生产率的提高。

缺点：首先，泰勒不可能认识到工人和资本家之间剥削与被剥削的对抗关系。其次，泰勒的科学管理是以劳动技术过程为对象。主要研究直接劳动者的作业管理问题，他的研究没有超出车间管理的范围。最后他还认为，人的一切活动都是出于经济动机，工人追求的是最高的工资收入，这就是泰勒的“经济人”的观点。

资料来源：https：//wenku. baidu. com/view/450a7f4bc4da50e2524de518964bcf84b9 d5 2de0. html.

1.5.9 案例分析 9：法约尔一般管理理论

以下是法国矿冶工程师法约尔 1900 年 6 月 23 日在国际采矿和冶金大会闭幕会上演说的一部分。“先生们，我强调技术一词是因为事实上在这次大会上宣读的论文在性质上几乎尽是有关技术问题。我们没有听到有关供销、财务和管理责任等方面的响应，但是这次大会的成员中有不少在这三方面是特别突出的。这无疑是一件遗憾的事情。”“现在我必须谈谈管理问题。这是我想引起你们注意的问题，因为在我看来，我们工作中在技术方面行之有效的互相学习同样可以应用在管理方面。”“一个企业的技术和供销的职能是有明确规定的，而管理职能却不是这样。很少有人熟悉管理的结构和力量，我们意识不到它怎样工作，看不到它在建造还是在铸造，在买还是在卖。然而我们都知道如果管理不当，事业就处于失败的危险中。”“管理职能有很多责任。它必须预见并做好准备去应付创办和经营公司的财务、供销和技术的状况；它要处理有关职工的组织、选拔和管理方面的工作；它是事业的各个部分同外界沟通联络的手段。尽管列举的这些是不完全的，但也向我们指出了管理职能重要性的思想。即以管理干部这一项，在大多数情况下就成为企业最主要的职能，因为大家都知道，一家公司即使有完善的机器设备和制造过程，如果由一批效率低下的干部去经营，还是注定要失败的。”

【知识链接】

亨利·法约尔（Henry Fayol）是法国科学管理专家，管理学先驱之一。1841 年生于土耳其伊斯坦布尔，1925 年卒于巴黎。早年曾为采矿师，是一位在理论上有特殊发现的地质学者。1885 年起任法国最大的矿冶公司总经理达 30 年。1916 年出版《工业管理与一般管理》；开创了“管理过程学派”。

法约尔对西方管理学发展的理论贡献主要体现在以下三个方面。

（一）揭示了管理的本质

法约尔认为经营和管理是两个不同的概念，他用了两个不同的法文词来表示。他认为，“经营”的意思是指导或引导一个组织趋向一个目标，它包括六种活动，即：技术活动、商业活动、财务活动、安全活动、会计活动和管理活动；而作为这六种活动中的一种，“管理”是由计划、组织、指挥、协调和控制五种要素构成，“管理就是实行计划、组织、指挥、协调和控制。”将管理定义为这五个要素正是法约尔最主要的贡献之一。

（二）提出了管理的 14 条原则

（1）劳动分工；（2）权力和责任；（3）纪律；（4）统一指挥；（5）统一领导；（6）个人利益服从整体利益；（7）人员的报酬；（8）集中；（9）等级系列；（10）秩序；（11）公平；（12）人员的稳定；（13）首创精神；（14）人员的团结。

（三）阐述了进行管理教育和建立管理理论的必要性

关于管理教育的必要性，法约尔在其《工业管理与一般管理》一书中曾专列一章予以阐述。他指出：“一个大型企业高级人员最必需的能力是管理能力。”

【问题及答案要点】

根据上述材料回答问题：

（1）听众中的矿冶工程师们对法约尔的演说可能有什么反应？

矿冶工程师们对法约尔所说的管理重要性应是十分认同的。管理的职能不同于企业的职能，在一个企业里，下属人员的主要能力是具有企业特点的职业能力，但随着地位的上升，管理也越重要，最上层的人员的主要能力就是管理能力。而技术、财务、供销仅是企业职能，不同于管理职能，也不能代表管理。

（2）法约尔在演说中对管理职能的解释同他后来提出的管理职能有什么不同？

法约尔在演说中对管理职能侧重于管理中的计划、组织、沟通，而法约尔后来提出的管理职能包括计划、组织、指挥、协调、控制，在演说中的管理职能则没有强调指挥、协调、控制的作用。

（3）你同意法约尔对管理职能重要性的论述吗？

同意。管理是普遍的、重要的，但不同时期的管理的重点不同。

资料来源：https：//mr. baidu. com/1klda8f？f = cp&u = 257aad2bb8d3e345.

1.5.10 案例分析10：权变管理理论

保利公司是一家中美合资的专业汽车生产制造企业，总投资600万美元，其中固定资产350万美元，中方占有53%的股份，美方占有47%的股份，主要生产针对工薪家庭轻便、实用的汽车，在中国有广阔的潜在市场。由谁出任公司的总经理呢？外方认为，保利公司的先进技术、设备均出自美国，要使公司发展壮大，必须由美国人来管理。中方也认为，由美国人来管理，可以学习借鉴国外企业管理方法和经验，有利于消化吸收引进技术和提高工作效率。因此，董事会决定聘请美国山姆先生任总经理。

山姆先生有20年管理汽车生产企业的经验，对振兴公司胸有成竹。谁知事与愿违，公司开业一年不但没有赚到一分钱，反而亏损80多万美元。山姆先生被公司辞退了。这位曾经在日本、德国、美国等地成功地管理过汽车生产企业的经理何以在中国失败呢？多数人认为，山姆先生是个好人，在技术管理方面是个内行，为公司吸收和消化先进技术。从很多项工作中可以看出，他对搞好保利公司怀有良好的愿望，“要让保利公司变成一个纯美国式的企业”。他工作认真负责，反对别人干预他的管理工作，并完全按照美国的模式设置了公司的组织结构和建立了一整套规章制度。在管理体制上，山姆先生实行分层管理制度：总经理只管两个副总经理，下面再一层管一层。但这套制度的执行结果造成了管理混乱，人心涣散，员工普遍缺乏主动性，工作效率大大降低。山姆先生强调“我是总经理，你们要听我的”。他甚至要求，工作进入正轨后除副总经理外的其他员工不得进入总经理的办公室。他不知道中国企业负责人在职工面前总是强调和大家一样以求得职工的认同。最终，山姆先生使公司陷入非常被动、孤立的局面。山姆先生走后，保利公司选派了一位懂经营管理、富有开拓精神的中方年轻副厂长担任总经理，并组建了平均年龄只有33岁的领导班子。新班子根据实际情况和组织文化，迅速制定了新的规章制度，调整了机构，调动了全体员工的积极性。在销售方面，采取了多种促销手段。半年后，保利公司宣告扭亏为盈。

【关键词】

管理混乱；组织文化；管理

【知识链接】

权变管理理论核心是力图研究组织与环境的联系，并确定各种变量的关系类型和结构类型，主要强调管理要根据组织所处的环境随机应变，针对不同的环境寻求不同的管理模式，着重考察有关的环境变量与各种管理观念和技术之间的关系，同时把环境对管理的作用具体化，并使管理理论与管理实践紧密结合。

【问题及答案要点】

试运用管理的有关原理分析保利公司总经理成败的原因。

(1) 在本案例中，山姆作为公司的总经理经营失败的主要原因是：

第一，不了解中国的实际情况，尤其忽视了中国文化的影响，完全照搬过去惯用的企业管理模式；完全按照美国的模式设置公司的组织结构和整套规章制度，没有根据中国环境的变化调整公司的经营管理政策；

第二，作为公司的总经理，强调个人权威和科层管理，缺少和下属与员工的必要沟通。

（2）中方总经理的成功在于：

第一，中方总经理了解中国的组织文化，根据中国的实际情况来制定适合公司的规章制度，调动了员工的积极性；

第二，公司建立了一支年轻的具有开拓创新精神的领导班子，能够根据内外部环境的变化来寻求适合组织的管理方案和方法。

1.5.11　案例分析11：斯密迪的改革

20世纪50年代初，美国通用电气公司年销售额已超过20亿美元。公司规模大了，权力完全集中于美国纽约总部，已经不能适应公司的发展，需要改良组织结构。于是公司总裁卡迪纳先生决定实施分权制度。该分权制度由斯密迪一手策划，斯密迪行伍出身，非常强调纪律的作用，他认为，实施新的制度时，肯定有阻力，所以，必须由他说了算，基层人员要绝对服从，不能有异议。

斯密迪的制度有以下几点：

第一点，一个经理自己所能管理的企业规模是有界的。

他认为，一个经理自己所能胜任的经营规模，最大不能每年超过5000万美元，再大就管不了了，按照他的观点，通用电气公司拆成了150个部门，各部门的经营规模每年不超过5000万美元，各部门相对独立，各有各的经营业务，由各部门的经理负责管理，每个部门的经理直接对总裁负责，这样，通用电气公司就等于分成了150个“小公司”。这就导致了一个很不好的格局：当某部门的经营业务超过5000万美元时，按照斯密迪的观点，必须分成两个相互独立的业务部门。

第二点，一个部门经营的好坏要有具体的量化指标。

斯密迪在测评一个部门经营好坏时，设计了8项指标，其中，两个较为典型：一个是利润，另一个是部门长期利益和短期利益的平衡。可在实际工作中，利润是很容易测定的，是多少就是多少。而长期利益的平衡怎么测定呢？当时无法测定，实际情况也测定不了。

第三点，管理是一种职业，真正懂得管理的人，什么都能管理好。

他认为，能管理好一个钢铁厂的人，也能管理好一个大菜市场。因此，作为一个管理人员，应特别注重流动能力的训练。一个管理人员应有多方面的技能，能做许多方面的工作，要训练他做市场工作、工程工作、制造工作等。这样，通用电气公司的一个部门经理，这3年可能在做洗衣机生意，另外3年可能又去做核能的生意；让这些经理们经常流动，以训练他们的流动能力。

后来，斯密迪的制度在公司的系统经营方面碰到了困难。1966年通过竞争，通用电气获得了新加坡一发电厂的承建权。该业务要求电厂的设计、基建、设备和安装等所有业务全由承建方一家公司承包下来，搞系统经营。由于通用电气公司已经分成150多个相互独立的业务部门，其中，任何一个部门都不可能承包所有这些发电厂的业务，要参与这种国际竞争，公司不得不成立一个协调部门——通用电厂公司，来组织各个业务部门共同承接下这种系统业务。但是，由于各业务部门已经有了自己的责权利，互相独立，其开展工作的难度可想而知，当通用电厂公司到各部门去购买各种设备时，各部门为了最大限度地提高本部门的利润，都纷纷提高设备的售价。最后，通用电厂公司发现，各部门提供设备的价格，往往比外公司的价格还高。

1970年博希当上了通用电气公司的总裁，对这种情况进行了改进，采取相关措施对分权制度进行了完善。

根据以上案例，回答以下问题：

1. 斯密迪的改革措施，其目的是要在通用电气公司建立（　　）。

A. 事业部式结构　　B. 矩阵式结构

C. 直线—职能式结构　　D. 混合式结构

2. 斯密迪把管理看成一种职业，对于这种观点，你的看法是（　　）。

A. 更适合于高层管理者

B. 更适合于一般管理者

C. 这种看法本身就是一种错误，管理者必须精通各自领域的具体业务

D. 是否正确，取决于组织业务的复杂程度

3. 从斯密迪改革的措施中可以看出，他在一定程度上违背了（　　）。

A. 管理的系统原理　　B. 管理的权变原理

C. 管理的责任原理　　D. A + B

4. 以下各项，哪一项在实行分权后可能会出现？（　　）

A. 销售额有可能不断地增加

B. 部门经理的积极性受到压制

C. 由于内耗，导致各小公司总是亏损

D. 总公司总裁失去权威性

5. 以上案例说明（　　）。

A. 通用电气公司在分权制度方面做得不够理想，其实，分权是一种很有效的管理方式，关键是其他方面也要配套进行

B. 企业管理中有分权制度是正确的，关键在于公司的总裁要用人得当

C. 分权制度不符合管理的一般原理，对调动中层管理人员的积极性不利

D. 本案例所体现的并不是真正的分权

【关键词】

集权；分权；组织变革；管理者层次；直线制组织结构；矩阵式组织结构；系统原理；权变原理

【参考答案】

1. A　2. A　3. D　4. A　5. A

1.6　管理游戏

1.6.1　管理游戏1：飞船竞赛

目的：理解管理的四大职能；

道具：（每组）一只生鸡蛋、四个纸杯、一双筷子、长短吸管各两根、两只气球、几根皮筋、几张彩纸、几支彩笔、一把剪刀、一瓶胶水。

时间：90 分钟。

程序：

1. 根据提供的道具制造飞船和标志飞船着陆地点的旗帜。
2. 完成后，去空地发射“飞船”。
3. 各组发射“飞船”，并将旗帜插在飞船着陆的地点。

规则：

1. 只能用给定的道具制造“飞船”。
2. 不能与团队之外的任何人交流飞船制造计划。

教师任务：

1. 在前一次课上宣布活动的任务、道具及分组。
2. 指定准备活动道具的负责人。
3. 开始活动时，宣布活动程序、规则及时间。
4. 控制整个活动场面，回答学生的提问，监督是否有违反规则的现象。
5. 组织同学们发射“飞船”。
6. 下次上课时，首先，组织讨论，该活动是如何体现管理的四大职能的？其次，小组代表发言；再次，教师总结；最后，颁奖。

考核标准：

1. “飞船”航行最远且鸡蛋不破的小组获胜。
2. 评选出最具创意的旗帜。

1.6.2　管理游戏2：点钞游戏

目的：领悟科学管理的重要性。

道具：不同面值的数叠点钞纸。（每组 5 人，100 元、10 元、1 元点钞纸各 50 张）。

时间：45 分钟。

程序：

1. 手持式点钞：计算单指单张、单指两张、三指三张、四指四张、五指五张的点钞时间。
2. 单指单张：计算手持式点钞和桌按式点钞的时间。
3. 不同手型（粗细手）的点钞时间。

规则：

1. 除记录者外，小组的每位同学都必须参与。

2. 比赛分为小组内竞赛和小组间竞赛。在其他条件相同时，点钞时间最短者获胜。

教师任务：

1. 在前一次课上宣布活动的任务、道具及分组。

2. 指定准备活动道具的负责人。

3. 开始活动时，宣布活动程序、规则及时间。

4. 确定每组的记录人。

5. 控制整个活动场面，回答学生的提问，监督是否有违反规则的现象。

6. 组织学生讨论，得出结论：点钞方法的重要性、选拔一流员工的重要性、工具（手与钞票）的重要性。

考核标准：

在其他条件相同时，点钞时间最短者获胜。

第 2 章　管理道德与社会责任

2.1　小组展示主要内容

本实训设计内容为管理活动与管理理论的重点内容，主要包括如下：

（1）企业伦理道德；

（2）几种相关道德观；

（3）企业社会责任。

2.2　团队训练：对社区不道德行为的调查

（1）3～5 人为一组。

（2）在你的社区、学校以及生活中，一定碰过很多道德困境。思考你自己看见的组织的不道德行为。这些事情可以是你作为顾客或用户亲身经历的，也可以是无意中看到的。

（3）确定三个可以用来决定一种特定行为是否符合道德的重要标准。

（4）选出一个发言人来表达小组观点。

2.3　管理情景模拟

2.3.1　管理情景模拟 1：推销家乡特产

现在是信息社会，武装自己重要，推销自己更重要。××地区地处大青山脉，物产丰富，风景优美，民风淳朴，但“养在深闺人未识”。请你向大家推销一种地方特产。

评分标准：明确对象名称；从环保和道德方面对产品特点进行说明，并得出结论；语言组织的有序性和逻辑性。

2.3.2　管理情景模拟 2：违规采购

A 食品公司高层的例会于上午 10：30 开始进行，例会上总经理 B 就公司目前正在建设的一个项目与各位副总经理进行了深入的探讨，确定了该项目建设的一些具体事宜等，会议结束时，总经理 B 再一次强调了要杜绝一切有违公司管理道德与社会责任的行为。

会后，副总经理 C 回到自己的办公室，坐了下来，陷入了思考，他现在负责的是该项目的原材料采购部分，但是目前采购原材料时，他并没有按照公司规定选购原材料 X，而是采购了不符合规格的原材料 Y，现在他心里慌慌的，害怕万一被发现了……咚咚咚，助理小 D 敲门进来，看着 C 一脸慌张的样子，小 D 觉得很奇怪（小 D 和副总经理 C 是高中同学，两人的关系一直都很好，所以对于副总经理 C 的事情比较关心）。

后来小 D 发现，原来副总经理 C 贪图，购买了劣质的原材料。知道这件事后，小 D 开始找 C “谈话”，小 D 并没有一上来就质问 C，而是说了人造蜂蜜事件、瘦肉精中毒等违反道德并且对顾客极不负责任的行为的后果……C 听了之后，心里忐忑不安……一番挣扎之后，他选择了坦白，并承担了相关的责任。

情景分析：主要通过呈现副总经理 C 和助理小 D 之间有关管理道德的故事，更加形象地认识到管理道德的重要性，以及背后肩负的对顾客的食品安全的责任，良心食品是食品公司长久发展的重要保障。

【模拟事项】

模拟 C 和 D 之间的对话，从管理道德和企业社会责任角度劝说 C 主动坦白，以减少公司的损失。

2.4 管理辩论

2.4.1 管理辩论 1：企业是否应该承担社会责任

【辩论主题】

企业是否应该承担社会责任。

【知识链接】

企业社会责任从低到高可分为法律责任、经济责任、伦理责任和慈善责任四个层次。企业社会责任主要体现在以下五个方面：办好企业，把企业做强、做大、做久；企业一切经营管理行为应符合道德规范，社区福利投资，社会慈善事业，自觉保护自然环境。

2.4.2 管理辩论 2：企业社会责任与利润相比哪个更重要？

【辩论主题】

企业社会责任与利润相比哪个更重要？

【知识链接】

利润是指企业在一定会计期间的经营成果，利润包括收入减去费用后的净额、直接计入当期利润的利得和损失等。

社会责任是企业追求有利于社会长远目标实现的一种义务，它超过了法律与经济对企业所要求的义务。

企业社会责任是指企业在创造利润、对股东承担法律责任的同时，还要承担对员工、消费者、社区和环境的责任。

2.5　案例分析

2.5.1　案例分析1：三鹿奶粉

2008年6月28日，位于兰州市的解放军第一医院收治了首例患“肾结石”病症的婴幼儿，据家长们反映，孩子从出生起就一直食用河北石家庄三鹿集团所产的三鹿婴幼儿奶粉。7月中旬，甘肃省卫生厅接到医院婴儿泌尿结石病例报告后，随即展开了调查，并报告卫生部。随后短短两个多月，该医院收治的患婴人数就迅速扩大到14名。

甘肃省委、省政府领导和各相关部门对“肾结石事件”也高度重视。甘肃省委书记、省人大常委会主任陆浩闻讯后立即作了批示：“立即采取措施，及时妥善处理”。甘肃省委副书记、省长徐守盛，省委常委、常务副省长冯健身也于9月10日做出批示，要求卫生部门及各监管部门做好患儿救治，迅速排查。

9月11日，除甘肃省外，陕西、宁夏、湖南、湖北、山东、安徽、江西、江苏等地都有类似案例发生。

9月11日晚卫生部指出，近期甘肃等地报告多例婴幼儿泌尿系统结石病例，调查发现患儿多有食用三鹿牌婴幼儿配方奶粉的历史。经相关部门调查，高度怀疑石家庄三鹿集团股份有限公司生产的三鹿牌婴幼儿配方奶粉受到三聚氰胺污染。卫生部专家指出，三聚氰胺是一种化工原料，可导致人体泌尿系统产生结石。

9月11日晚，石家庄三鹿集团股份有限公司发布产品召回声明称，经公司自检发现2008年8月6日前出厂的部分批次三鹿牌婴幼儿奶粉受到三聚氰胺的污染，市场上大约有700吨。为对消费者负责，该公司决定立即对该批次奶粉全部召回。

9月12日，受甘肃省委、省政府委托，副省长咸辉带领有关部门负责同志，到解放军第一医院看望、慰问该院收治的肾结石患儿。

9月13日，党中央、国务院对严肃处理三鹿牌婴幼儿奶粉事件做出部署，立即启动国家重大食品安全事故Ⅰ级响应，并成立应急处置领导小组。

9月13日，卫生部党组书记高强在“三鹿牌婴幼儿配方奶粉”重大安全事故情况发布会上指出，“三鹿牌婴幼儿配方奶粉”事故是一起重大的食品安全事故。三鹿牌部分批次奶粉中含有的三聚氰胺，是不法分子为增加原料奶或奶粉的蛋白含量而人为加入的。

9月14日，卫生部部长陈竺带领有关司局领导及专家飞抵兰州，针对甘肃省有关三鹿奶粉事件应急处置工作展开专题调研。

9月15日，甘肃省政府新闻办召开了新闻发布会称，甘谷、临洮两名婴幼儿死亡，确认与三鹿奶粉有关。

10月27日，三元股份首次正式承认正与三鹿进行并购谈判。

10月31日，经财务审计和资产评估，三鹿集团资产总额为15.61亿元，总负债

17.62亿元，净资产-2.01亿元，已资不抵债。

12月2日，曾是三鹿集团最大液态奶生产基地的邢台三鹿乳业有限公司正式更名为河北贝兰德乳业有限公司。

12月8日，三元股份公告称，其董事会已经批准了《关于在河北石家庄成立子公司的议案》。三元股份以现金出资人民币500万元，在河北省石家庄市注册成立全资子公司。

12月13日前后，三鹿二厂开工复产，这是三元在“托管”模式下，启动生产的首个厂区。此后传出消息，三鹿集团的七家非核心企业已陆续开工生产，但全部更名。

12月19日，三鹿集团又借款9.02亿元付给全国奶协，用于支付患病婴幼儿的治疗和赔偿费用。

12月下旬，债权人石家庄商业银行和平西路支行向石家庄市中级人民法院提出了对债务人石家庄三鹿集团股份有限公司进行破产清算的申请。

12月23日，石家庄市中级人民法院宣布三鹿集团破产。

12月24日，三鹿集团收到石家庄市中级人民法院受理破产清算申请民事裁定书，一切工作正在按法律程序进行。三鹿将由法院指定的管理人（三鹿商贸公司）来管理，管理人将对三鹿资产进行拍卖，然后偿还给债权人。这一过程将在六个月内完成。

12月24日，河北石家庄市政府、三鹿集团选取20多个代理商代表，到三鹿集团商谈，最终三鹿集团与代理商达成还款意向。

12月25日，三元回应三鹿破产：重组方案调整须董事会决定。

12月26—31日，法院将审查债权人申请。

12月26日，清算工作组已进驻三鹿。

12月26日，石家庄市中级人民法院开庭公开审理张玉军、张彦章非法制售三聚氰胺案。无极县人民法院、赵县人民法院、行唐县人民法院分别开庭审理了张合社、张太珍以及杨京敏、谷国平生产、销售有毒食品案。

12月31日，石家庄市中级人民法院开庭审理了三鹿集团股份有限公司及田文华等4名原三鹿集团高级管理人员被控生产、销售伪劣产品案，庭审持续14小时。

2009年1月22日，三鹿系列刑事案件，分别在河北省石家庄市中级人民法院和无极县人民法院等4个基层法院一审宣判。田文华被判生产、销售伪劣产品罪，判处无期徒刑，剥夺政治权利终身，并处罚金人民币2468.7411万元。另悉，这批宣判的三鹿系列刑事案件中，生产、销售含有三聚氰胺的“蛋白粉”的被告人高俊杰犯以危险方法危害公共安全罪被判处死缓，被告人张彦章、薛建忠以同样罪名被判处无期徒刑。其他15名被告人各获二年至十五年不等的有期徒刑。

2月1日田文华提出上诉，请求撤销一审判决，改判上诉人不构成指控所涉罪名。

【知识点链接】

企业道德是指在企业这一特定的社会经济组织中，依靠社会舆论、传统习惯和内心信念来维持的，以善恶评价为标准的道德原则、道德规范和道德活动的综合。

社会责任是企业追求有利于社会长远目标实现的一种义务，它超过了法律与经济对企业所要求的义务。

企业社会责任是指企业在创造利润、对股东承担法律责任的同时，还要承担对员工、消费者、社区和环境的责任。

【问题和答案要点】

该事件的启示是什么？

政府职能缺失导致食品安全方面的法律法规不健全，监管执行形同虚设，同时企业应该承担相应的责任。企业要把握住自己的底线，不要跨越道德的底线。

2.5.2　案例分析2：破坏生态环境的化工厂

M公司是某市一家知名的国有化工企业，拥有1000多名员工，每年上缴2亿多元，为该市的纳税大户，公司王总经理也被评为优秀企业家。2010年公司决定进行技术改造，更新设备，扩大生产，升级企业。9月技改完成并试生产，但是却偷偷将氨氮含量超标数十倍的废水直接排入了旁边的河流，导致河流严重污染，下游3个城市200多万群众的饮水中断达20天，直接经济损失4亿多元。据专家评估，河流下游生态环境遭到严重破坏，至少需要5年以上的时间才能恢复到事故前的水平。

事后，市委市政府免去了王总经理的职务，并将3名企业负责人及环保部门干部移交司法机关处理。另外，企业被罚款2000万元，用于渔业损失及其他相关赔偿。对于这个处理结果，王总经理很不服气，他说：企业正处于发展时期，资金本来就紧张，又要进行技术改造，哪还有钱来搞废水处理，遇到这个事情，我们真是倒霉。

【关键词】

企业价值观；企业社会责任

【问题和答案要点】

（1）请你评价王总经理的看法。企业价值观的发展经历了哪几个阶段？

王总经理的看法不正确，当今企业不能只单纯追求利润，必须同时考虑保护环境，承担社会责任。

企业价值观的发展经历了股东利益最大化的工业化初期、企业利益最大化的工业化中期、追求企业相关利益者价值最大化的工业化后期、追求企业相关利益者价值最大化同时保护和增进社会福利的后工业化时期等四个阶段。

（2）企业社会责任划分为哪几个层次？主要体现在哪几个方面？

企业社会责任从低到高可分为法律责任、经济责任、伦理责任和慈善责任四个层次。

企业社会责任主要体现在以下五个方面：办好企业，把企业做强、做大、做久；企业一切经营管理行为应符合道德规范；社区福利投资；社会慈善事业；自觉保护自然环境。

资料来源：专插本《管理学》考试试题。

2.5.3　案例分析3："注水肉"引起的思考

2009年2月18日，广州市"瘦肉精"事件中有70人中毒，此后不少人闻"瘦肉精"

色变。事实上，“注水肉”更是盛行，其危害远远超过了“瘦肉精”。

据有关媒体报道，“注水肉”现象早已存在。国内较早的“注水肉”出现在广州。1985年广州放开生猪购销市场后，一下子出现了两千多家屠宰厂，一些企业和不法商人为了自身私利，就在猪、牛屠宰前往其胃里强灌大量水，以增加毛重，或在屠宰后往动物心脏里强注大量水，水通过微细血管迅速扩散到肉体，增加净重；或将肉浸在水里，以水冒充肉的重量，使水钱变成肉钱。这些不法企业和商人不仅在动物身上加水，还加入其他成分，如加入阿托品，以扩张血管，达到蓄水的目的；注入血水以使肉色变深；注入矾水以起收敛作用；等等。不法企业和商人的这些行为给消费者的健康造成了极大的危害。

“注水肉”并不是个别现象，近年来，我国食品行业有关食品生产加工的违法违规现象比较普遍。南京冠生园的月饼“陈馅事件”，乳品业的“三聚氰胺”事件，阜阳“奶粉事件”等，均表明一些企业为了经济利益，置消费者利益于不顾，无视企业的社会责任，急功近利，竭泽而渔，其结果不仅导致企业信誉的丧失，品牌形象的倒塌，更严重的是，使消费者的权益受到侵害，消费信心受挫，相关行业的发展受到影响。

【问题和答案要点】

（1）通过案例中的事件，你认为什么是企业的社会责任？

社会责任是企业追求有利于社会长远目标实现的一种义务，它超过了法律与经济对企业所要求的义务。

（2）如果你是企业的管理者，你认为企业应如何履行社会责任？

①办好企业，把企业做强、做大、做久。

②企业一切经营管理行为应符合道德规范。

③社区福利投资。

④社会慈善事业。

⑤自觉保护自然环境。

资料来源：自考《管理学》考试试题。

2.5.4 案例分析4：米其林环保违规被点名批评和巴斯夫公司承担社会责任

（1）全球最大轮胎企业——米其林公司在华投资的米其林回力股份有限公司因环保违规，于2007年1月10日被国家环保总局点名批评。被点名的米其林轮胎项目涉及的问题有：未按环评要求完成对三台链条炉进行脱硫除尘改造；轮胎厂无组织排放恶臭气体超标；未落实锅炉在线监测装置以及厂界噪声超标严重。

作为世界上领先的轮胎制造业，米其林有能力也有责任解决和杜绝这些仅仅出现在中国的问题，但却在问题严重到被发觉之时才整改，令大众对该企业的印象大打折扣。

（2）德国巴斯夫公司：企业环保的先行者。

巴斯夫公司，成立于1865年，是世界上最著名的化工企业之一。目前，巴斯夫是中国化工业的主要外国投资者。作为全球领先的化工巨头，巴斯夫严格的安全生产管理、扎实的污染防治举措、创新的社会责任实践都为这个行业的健康持续发展树立了标杆、赢得了声誉；作为一个全球优秀企业公民，巴斯夫不仅把履行社会责任融入自身发展目标和经营方针之中，而且还推进到合作伙伴、推进到社会其他各行业，在共赢的大趋势下取得了经济、社会和环境的可持续发展。同巨大的经济成就相比，履行社会责任的巴斯夫更让人尊重。

巴斯夫对于“企业社会责任”有自己的理解：改进催化剂解决空气污染问题、增加汽油添加剂使用意识、汽车轻量化设计、创新涂装技术应用于生产线，等等。

【问题和答案要点】

阅读以上两则材料，你有什么启示？

巴斯夫公司不仅把遵守道德规范视作组织获取利益的一种手段，而且更把其视作组织的一项责任。不仅从企业组织方面看待企业道德管理，更是从社会长远整体角度看待这个问题。在自己获利的同时保证尊重其他利益相关者及自然环境的利益。

企业在追求利润的同时，必须遵守管理道德，担当必要的社会责任，从而形成自己独特的管理道德，以此更好地帮助米其林在中国的业务拓展与经济发展。

企业的管理者应该根据企业的价值观、道德观以及企业内部治理的规章制度对企业进行管理，做到遵守企业道德，承担社会责任，才能办好企业，使企业更好、更大、更强。

2.5.5 案例分析5：王主任的困惑

苏北某市是江苏最贫困的市之一。该市只有极个别的具有高技术含量的企业，科创公司就是其中之一。它原是一家国有企业，主要生产变压器，但经营不佳，亏损严重。为了加快经济发展，市政府决定以比较低的价格将科创公司让民营企业家买断产权，组建股份有限公司。买断的条件是在原有的四百多个工人中，保留一百多人。王主任是一位十分精明能干且素质优良的企业家，受过高等教育，在特区搞过经营。接手后，他进行了两项改革：一是提高科技开发的投入比重；二是提高销售成本比例。前者由1%提高到5%，后者由3%提高到12%。两项措施都比较有力地推动了企业的经营。不过，这些高比例的销售费用中有相当一部分被产品推销人员用来作为回扣或向有关人员送礼打开市场。王主任认为，现在该企业的产品虽然在同行业中市场占有率不算最高，但前景很乐观。另外，在改制后的第二年，他解雇了原企业留下的部分工人。估计不需要多长时间，保留的一百多个工人中有相当多的工人都要被解雇。

王主任认为，他已陷入经济与道德、企业自身发展与履行社会责任的困境中。首先，作为本地的窗口企业，它的发展必将推动地域经济的发展，然而，提高销售成本会滋长企业经营中的一些不道德现象，形成不正当的竞争。其次，低价买断产权时，承诺接收一百多名工人，然而实践证明，相当一部分难以达到他的管理要求。于是，要么花大量经费培训这些工人，要么解雇他们。这样做，一方面不能履行改制时的承诺，另一方面会导致新的社会问题。为了本企业的发展，王主任选择了后者。

【问题和答案要点】

1. 你认为，在这种困境中，经营者应当如何抉择？

王主任用加大销售成本来推销产品在短期内是有效果的，但从长远角度来考虑问题，确实陷入了经济与道德、自身发展与社会责任的困惑中。

2. 能否存在两全其美的措施？如果不行，选择解决问题的侧重点应在哪里？

是否存在两全其美的措施，应该说是存在的。解决困难的途径是：设法安排好富余员工，不推向社会；加大产品科技投入，提高产品的市场价值；重视可持续发展，节约并用好资源。

2.5.6 案例分析6：某宾馆处分职工的道德困境

某宾馆经理接到处分职工王大成的报告，他觉得问题不太清楚，就作了一番调查。事实是王大成的母亲患病住院，他母亲想喝鸡汤。由于王大成白天上班，晚上去医院陪母亲，连去市场买鸡的时间都没有。在这种情景下，他在餐厅里偷了一只鸡，犯了错误。经理了解了情况以后，批准了餐厅对王大成记大过一次、扣发当月奖金的处分。然后带着慰问品去医院看望王大成的母亲，并对他母亲说："王大成在工作中表现很好，在家里对你也很孝顺，他是你的好儿子。"次日，经理找王大成谈话，先肯定他工作好，接着又指出偷公司东西是十分错误的，并征求其对处分的想法。王大成对这种赏罚分明、合情合理的处理十分感动，并表示自己错了，愿意接受这种处分。这时，经理离开座位说："你母亲生病半个多月，我们都不知道，没有给予关心，我们很对不起你。"说后，经理毕恭毕敬地向王大成鞠了一个躬。

【问题和答案要点】

1. 从管理与道德的关系，分析王大成的行为。

王大成的行为，违犯了社会公认的道德行为，也违犯了爱护企业财产的规定，这是容易确定的事实。王大成自己也认识到错误，愿意接受处分。但从这件事，不仅要认识道德，还应分析管理问题：①餐厅的管理是否有疏漏，为什么会出现生产材料被偷走的事情？②餐厅管理者对王大成家庭困难情况是否了解得不多，关心得不够？③餐厅对员工的教育力度应该加大。概括一句话，应该从行为科学来认识管理的问题。

2. 评价经理处理这件事的做法。

本案例中经理的做法合情合理，既树立了公司遵守规章制度的典范，同时又体现了公司管理上的人性化，与人本原理和人性管理相适应。

2.5.7 案例分析7：百胜企业道德与社会责任感

百胜餐饮集团是全球最大的餐饮集团，在全球110多个国家和地区拥有超过35 000家连锁餐厅和100多万名员工。其旗下包括肯德基、必胜客、小肥羊、东方既白和塔可钟，分别在烹鸡、比萨、火锅、中式快餐、墨西哥风味食品及海鲜连锁餐饮领域名列全球第一。

但是，在2013年，经监督抽检查实，百胜餐饮集团的部分鸡肉存在原料兽药残留超标，针对"药残鸡"事件，在爆发一个半月之后，百胜集团中国CEO终于出面道歉了。然而，这份充满官样文章的道歉不仅迟到，而且缺乏诚意，避重就轻，并没有就消费者关心的问题进行回应。百胜集团中国事业部主席兼首席执行官苏敬轼的这封道歉信，对企业自身存在的监管不力、沟通不畅等问题只言片语草草带过，只是提出四项承诺：坚持自检、结果及时通报主管部门、强化供应商队伍建设、提高供应商养殖和管理水平。且不谈这些承诺百胜今后是否能做到，单从字面上来看，四项承诺中，三条指向供货商，推脱责任的嫌疑十分明显，完全不像是一个跨国企业应有的态度。

此外，既然是道歉，就应当给已经受到伤害的消费者一个说法。然而，百胜不仅对已经发生的食品安全问题避而不谈，也没有就消费者受到的损失提出具体解决方案。面向未来的道歉信，无法弥补过去发生的错误，更无法体现企业自身的良知。在这封道歉信里，我们看不到百胜的反省，也看不到信里所说的“诚挚”“真诚”。套用原话来说，这封道歉信“令人遗憾”。

在态度背后，是更深层次的企业道德问题。百胜的表现让人想到一个词：店大欺客。这个词用在百胜和肯德基身上，并不过分。在食品安全问题上，百胜已经有多次“前科”，肯德基近年先后曝出“苏丹红”“豆浆门”“老油门”和“药残鸡”等丑闻，但一次次道歉之后，新的食品安全问题还是接二连三地发生。这充分说明，百胜和肯德基并没有从中吸取教训，更没有将中国消费者的权益放在心上。

【关键词】

伦理道德；社会责任

【知识链接】

企业道德是指在企业这一特定的社会经济组织中，依靠社会舆论、传统习惯和内心信念来维持的，以善恶评价为标准的道德原则、道德规范和道德活动的综合。

社会责任是企业追求有利于社会长远目标实现的一种义务，它超过了法律与经济对企业所要求的义务。

企业社会责任是指企业在创造利润、对股东承担法律责任的同时，还要承担对员工、消费者、社区和环境的责任。

【问题和答案要点】

案例启示在哪里？

案例分析：企业的道德与社会责任问题，正在从保护品牌的层面延展到提升品牌形象的范畴。有些明智的公司已经认识到，公司在社会责任事务上的优秀表现可以成为品牌优势的一个源泉。现在，令人激动的问题并不是公司如何让自己的品牌免于损毁，而是如何将树立的品牌形象与强烈的社会责任感和全球公民身份完美统一起来。信任对品牌的成功具有至关重要的作用。

2.6 管理游戏

2.6.1 管理游戏：猜拳

【规则】

（1）每4个人，两人相向站着，另外两人相向蹲着，一个站着和蹲着的人是一边；

（2）站着的两个人进行猜拳，猜拳胜者，则由猜拳胜方蹲着的人去刮对方蹲着人的鼻子；

（3）输方轮换位置，即站着的人蹲下，蹲着的人站起来；继续开始下一局。

【游戏点评】

（1）如何看待责任？

（2）两个人有没有同心协力对付外界的压力？

【游戏形式】分组参与。

【游戏时间】大约20分钟。

【游戏材料】无。

【游戏地点】教室。

【应用】管理道德与社会责任。

2.6.2 管理游戏：勇于承担责任

【目的】

培养学生勇于承担责任的意识。

【规则】

学员相隔一臂站成几排（视人数而定），喊一时，向右转；喊二时，向左转；喊三时，向后转；喊四时，向前跨一步；喊五时，不动。当有人做错时，做错的人要走出队列、站到大家面前先鞠一躬，举起右手高声说："对不起，我错了！"做几个回合后，提问：这个游戏说明什么问题？

【评论】

面对错误时很多人不能够勇于承认并改正，就像企业管理中对于企业的社会道德一样，部分企业没有很好地承担社会责任，企业可以通过相关游戏培养员工的责任感，加强企业管理道德与社会责任感。

【知识链接】

伦理与道德是人类文明的基本因子，是评价人类行为善与恶的社会价值形态，在日常生活中具体表现为一定的行为规范和准则。

社会责任是企业追求有利于社会长远目标实现的一种义务，它超过了法律与经济对企业所要求的义务。

第3章 决策与决策方法

3.1 小组展示主要内容

本次实训主要围绕决策理论的基本原理和重点内容而进行，具体内容如下：

（1）决策理论；

（2）决策过程；

（3）决策方法。

3.2 团队训练

3.2.1 团队训练1：集体决策逃出格里兰岛

一些人乘船去目的地A。由于船只故障，小船损坏严重，人们被迫上了位于太平洋中热带地区的格里兰岛。他们发现，岛上的控制塔年久失修，已经坏了。万幸的是该岛盛产金矿石，并且有椰子等可以充饥。为了尽快获救，他们集思广益想尽了一切办法。

想象你就是落难中的一员。

下面是落难人员提出的获救方法清单。请根据各种方法的重要性进行排序，并将你的决定顺序填在排序表中，然后形成小组意见。

1. 人物介绍

（1）船长。

（2）教授：发明家。

（3）赫维尔：商人，高尔夫球爱好者。

（4）金格尔：爱打扮的时髦女郎。

（5）吉里甘：帆板爱好者。

（6）玛丽安：海岸救生队员。

……

2. 求救方法

方法一：修理好小船继续航行。

方法二：用船长建造的救生筏送玛丽安出去求救。

方法三：重建控制塔向经过的船只发出求救信号。

方法四：往水中投放教授发明的荧光染料发出求救信号。

方法五：挥舞赫维尔的高尔夫球杆向经过的飞机和船只求救。

方法六：把旧帆板作为救生筏送吉里甘出去求救。

方法七：把含金的矿石抛光作为反光板引起经过船只、飞机的注意。

方法八：要求船长订一份披萨并叫送货员帮助求救。

方法九：让教授利用椰子壳发明一种发声装置来向经过的船只发出求救信号。

方法十：让金格尔用她的衣服布料来制作一面信号旗。

3. 排序表

	个人排序	团队排序	专家排序
方法一			
方法二			
方法三			
方法四			
方法五			
方法六			
方法七			
方法八			
方法九			
方法十			

4. 专家排序

①方法七；②方法四；③方法十；④方法五；⑤方法三；⑥方法九；⑦方法一；⑧方法二；⑨方法六；⑩方法八。

资料来源：https：//m. doc88. com/p－6651357646877. html？ from＝groupmessage.

3.2.2 团队训练2：突出重围的决策

八月上旬的某一天上午十点钟。你乘坐的飞机迫降在酷日炎炎的沙漠中。机组成员全部遇难。机身严重毁坏，将会着火燃烧。作为幸存者，“我们”迫降在离预定着陆点100千米左右的沙漠之中，离飞机迫降点大约80千米附近有个村落。你所在的沙漠相当平坦，除了偶见些仙人掌外，可以说是一片不毛之地，日间温度约45℃。你们穿着T恤、短裤和户外鞋，每个人都带有手帕。你们总共有500元现金、一盒烟和一支圆珠笔。

炎夏，当你与你的团队身陷沙漠，在生与死的边缘挣扎时，你如何抉择？如何让团队脱离困境？

【问题】

飞机即将燃烧，机上有15件物品，性能良好，现要求你们对这些物品按重要性排序，如果只能抢救出其中的5项，你们会选择什么？

首先是个人分别单独将这些物品按对你生存的重要性排序，不得与其他人讨论，时间为5分钟。

然后将你的排序情况与小组其他人员进行讨论，并得出小组一致同意的排序。这一步骤时间为10分钟。

机上幸存者与你们组人数相同。假设大家选择共进退，不会分开各走各路。

机上物品清单：

1. 手电筒（4节电池大小）；2. 迫降区的地图；3. 每人一升水；4. 降落伞（红白相间）；5. 每人一副太阳镜；6. 指南针；7. 手枪及6发子弹；8. 书：《沙漠里能吃的动物》；9. 塑料雨衣；10. 每人一件外套；11. 1升伏特加酒；12. 急救箱；13. 折叠刀；14 一瓶盐片（1000片）；15. 化妆镜。

重要性排名	物品编号	
	个人排序	小组排序
1		
2		
3		
4		
5		
6		
7		
8		
9		
10		
11		
12		
13		
14		
15		

挑战：你的任务是根据求生的重要性，排列这15件物品，“1”表示最重要，“15”表示最不重要。你可以假定：

① 生还人数就是你目前整个队员人数。

② 你是此境遇中的真实人物。

③ 全体队员同意共求生存。

④ 所有物品状况良好。

第一步：阅读你们全队拥有物品的一览表。在未与其他队员商讨的情况下，根据对全队救生的重要性，按顺序排列这些物品。在标有“第一步”一栏中写下你个人的排列。

第二步：现在，作为一个整体队伍，重新考虑这15件物品，在意见一致的基础上，再次排列。你的目标是找出能让你的全体队员“共同生存”并且愿意支持的生存方法。在标有“第二步”一栏中写下你们全体的排列。

抢救出的物品	第一步：个人排序	第二步：全队排序	第三步：专家排序	第四步：第一步和第三步之差值	第五步：第二步和第三步之差值
手电筒（4节电池大小）					
折叠刀					
迫降区的地图					
塑料雨衣					
指南针					
急救箱					
手枪及6发子弹					
降落伞（红白相间）					
一瓶盐片（1000片）					
每人一升水					
书：《沙漠里能吃的动物》					
每人一副太阳镜					
1升伏特加酒					
每人一件外套					
化妆镜					

专家建议答案：

抢救出的物品	第一步：个人排序	第二步：全队排序	第三步：专家排序	第四步：第一步和第三步之差值	第五步：第二步和第三步之差值
手电筒（4节电池大小）			4		
折叠刀			6		
迫降区的地图			12		
塑料雨衣			7		
指南针			11		

续上表

抢救出的物品	第一步：个人排序	第二步：全队排序	第三步：专家排序	第四步：第一步和第三步之差值	第五步：第二步和第三步之差值
急救箱			10		
手枪及6发子弹			8		
降落伞（红白相间）			5		
一瓶盐片（1000片）			15		
每人一升水			3		
书：《沙漠里能吃的动物》			13		
每人一副太阳镜			9		
1升伏特加酒			14		
每人一件外套			2		
化妆镜			1		

计分方法：以你选好物品的次序和正确次序加减起来，不计正负，再以15样物品加起来为总分，例如：手电筒次序为4，而我选的次序为10，所以我的分数为6。

成绩对照：15～25分（优异）；26～32分（优良）；33～45分（良好）；46～55分（平平）；56～64分（有少许生还希望）；65分（没有生还希望）。

解说：

二战期间，一位专家曾在撒哈拉沙漠工作，研究在沙漠中求生的问题，他搜集了无数事件和生还者的资料，结合本游戏情景，解释如下：

1. 化妆镜

在各项物品中，镜子是获救的关键，在日间用来表示你的位置，是最有效的工具；镜子在太阳光下，可产生相当于三万至七万支烛光的光亮度；如反射太阳光线，在地平线另一端也可看到；如没有其他物品，只有一面镜，你也有80%获救的机会。

2. 每人一件外套

如失事的位置被获悉，在拯救未到前，便要设法降低体内水分损失；保持镇定可减低脱水的速度。穿上外套能降低皮肤表面的水分散发。假如没有外套，维持生命的时间便减少一天。

3. 每人一升清水

如有上述1及2两项物品，可生存三日。水有助于降低身体内脱水的速度，口渴时，最好饮水使头脑清醒，尤其在第一天，要制造遮蔽的地方。但当身体开始脱水时，饮水也没有多大效用。

4. 手电筒（四个电池大小）

在晚上，手电筒是最快和最可靠的发信号工具。有化妆镜和手电筒，24小时都可以发出信号；电筒也有其他用途，日间可用电筒的反光镜和玻璃做信号及引火点燃之用；装电池的部分可用来挖掘或盛水（参考塑料雨衣部分之蒸馏作用）。

5. 降落伞

可用作遮荫和发信号，用仙人掌做营杆，降落伞做营顶，可降低20%的温度。

6. 大折刀

刀可切碎坚韧的仙人掌或切割营杆，也有其他用途，可排列较前的位置。

7. 塑料雨衣

可做“集水器”。在地上掘一洞，用雨衣盖在上面，然后在雨衣中央放一小石块，使之成漏斗形，日夜温度的差距可使空气的水分附在雨衣上；将雨衣上的水滴在电筒盖中储存。这样工作，每日大约可提取半升的水，但也可消耗两倍可收集的水分。

8. 装有弹药的手枪

第二天之后，你们说话和行动已很困难，身体已经产生了6% ～10%的脱水；手枪于是成为很有用的工具；弹药有时要做起火之用；国际的求救信号是连续发三个短的信号，在无数事件中，由于求生者不能发出求救声音，所以没有被人发觉。还有，枪柄可作槌子用。

9. 每人一副太阳镜

在猛烈的太阳光下，会患光盲症；用降落伞遮荫可避免眼睛受损，也可用黑烟将眼镜熏黑；用手绢或纱布蒙眼，也可避免眼睛被太阳光灼伤，但用太阳镜则更舒适。

10. 急救箱（含薄纱布等）

沙漠湿度低，被列为世界上最少传染病的地方；而事实上，身体的脱水会使血液凝结，减少血液流失。有事例记录：有一男子体内失去水分，而身上的衣服已被撕破，倒在尖锐的仙人掌和石上，满身伤口，但没有流血；后来被救，饮水后伤口再度流血。纱布可当绳子或包扎脚、足踝、头部及面部作保护之用。

11. 指南针

除用其反射面发信号外，指南针并没想象用途那么大，反而有引诱人们离开失事地点的危险。

12. 迫降区的地图

可用来起火或当厕纸用，也可用来遮盖头或眼睛，或用它指引人们走出沙漠。

13. 书一本，名为《沙漠里能吃的动物》

目前最大的问题是脱水，并不是饥饿，打猎所得相当于失去的水分，沙漠中动物也甚少可见。吃食物也需要大量的水以帮助消化。

14. 伏特加酒1升

剧烈的酒精会吸去人体的水分，更可致命。伏特加酒只可作暂时降低体温之用。

15. 一瓶盐片（1000片）

人们过分高估盐的用途，如血液内的盐分增加，同时也需要大量的水降低体内含盐量。

【启示】

个体行为强势影响团队命运，团队是能凝练和培养英雄的地方。

自主学习、团队学习是提升才能的捷径。一个人迷茫的时候，不是因为没有目标，而是不知道目标到底怎样才能实现？团队可以解决个体难以解决的难题，产生 1+1>2 的效果。小团队无法解决时，我们可以寻求大团队的帮助。善用大团队进行自主学习是未来成功人的特质。

资料来源：https：//wk. baidu. com/view/39a96a9fde80d4d8d05a4f92？ivk_ sa_ s=130827.

3.3 管理情景模拟

3.3.1 管理情景模拟 1

面对产品销售业绩的不断下滑，总公司派杨仁峰出任营销部经理。杨经理决心集中力量，狠抓市场，一定要把销售业绩搞上去。

首当其冲的是如何认识和把握市场环境与形势。市场环境如此复杂，有国家大政方针、经济形势的影响，有行业竞争、顾客需求的影响，有企业自身优势和劣势的影响。

杨经理被搞得眼花缭乱，一时不知如何下手。费了好大的劲儿，对市场行情与营销业务总算能较好把握。但是，营销业绩始终起色不大，最近还受到总公司某领导的批评。杨经理到职前，营销部只有 5 个营销员。他们素质高，都很能干，大家相互信任，关系融洽，每个人都能自觉地尽全力去开展营销工作，业绩一直不错。但是，随着公司事业的发展，营销业务与区域的拓展，营销员快速增加到 20 余名，且分布在范围广大的 9 个地区。人员构成也复杂了，有的人根本没有从事过营销工作。现在杨经理本人也忙得不可开交。他今天去这个地区，明天又赶到另一个地区，可是他走后那个地区的业绩依旧；他要求营销人员要主动寻找客户，大力开拓市场，而营销员们大喊没钱不好办事，困难重重；他提出营销员必须提高素质，掌握并大力宣传本企业及其产品的优势，可是营销员却以工作太忙为由不肯学习；他为了刺激营销员多卖产品，提出要按销售额提成，可大家又反映各地区差异太大，无法确定提成比例，同时，大量的人的沟通与协调工作，特别是人际冲突，着实令其头痛。有的员工之间就因为一点小事而争吵不断，影响了正常工作。他整天应付这些人的纠缠与“告状”，弄得有时饭都吃不上。他至今也未全面掌握整个市场与营销的程序与实务，不知从何处着手，他甚至开始怀疑自己的能力了。

经过深入的调查和冷静地分析，杨经理初步理出自己的思路：要应对这些难题和挑战，真正实施有效的管理，就必须掌握管理者的基本职能，把握工作业务的基本流程与管理实务，最重要的就是要提高自身的管理技能。可是，到底需要掌握哪些职能与实务、哪些管理技能呢？杨仁峰急需得到答案！

【模拟事项】

假设你是杨仁峰，作为经理应该采用什么决策方法去解决上述问题？

3.3.2 管理情景模拟 2：合同执行决策

合同洽谈：甲乙两家公司，经多次谈判，达成了一个一揽子交易合同，这一合同分六笔交易。

合同执行：在实施合同的过程中，双方遵循以下市场规则。

决策规则：六笔交易一笔一笔做，做完一笔再做下一笔；每一笔交易双方同时出牌，若双方均为红牌，则各得利润30万元，若双方均为黑牌，则双方各亏20万元，若一方为红一方为黑，则红方亏50万元，黑方赢利50万元，其中第三轮和第六轮损益值加倍；各方每一次出什么牌，由各方董事会集体决策。

1. 模拟方式

（1）组员模拟双方董事会。

（2）小组以讨论的方式决定每一笔交易所出的牌。

（3）限定每一笔交易讨论时间，双方指定一人在规定的时间内将所出的牌同时发出，然后公布。

2. 目标

为股东赢得最大胜利，在模拟比赛中胜出。

3. 决策过程

（1）为了更好地获利，双方定下协议，在第三轮和第六轮均出红牌。

（2）双方刚合作，为了试探对方，出黑牌。

（3）在第一次合作后，为了降低风险，出黑牌。

（4）这一笔盈亏翻倍，本着诚信合作的原则，出红牌。

（5）双方经过慎重的考虑，决定实现双方共赢，从第四笔交易开始，都出红牌，达成目标。

4. 决策结果

单位：万元

	第一笔	第二笔	第三笔	第四笔	第五笔	第六笔
甲方	黑牌 -20	黑牌 -20	红牌 +60	红牌 +30	红牌 +30	红牌 +60
乙方	黑牌 -20	黑牌 -20	红牌 +60	红牌 +30	红牌 +30	红牌 +60

资料来源：https：//wk. baidu. com/view/63e6fb5c84254b35effd3470.

3.4 管理辩论

3.4.1 管理辩论1：地区发展决策应该民主多一些好还是集中多一些好

【辩论主题】

地区发展决策应该民主多一些好还是集中多一些好。

【辩论目的】

了解决策的民主化和集中化的优缺点，熟悉决策的基本方法和技巧。

【知识链接】

民主决策就是在决策过程中与社会公众、地区群众保持密切的联系，最大限度地让人民群众参与决策，使人民群众能够通过各种有效的途径，充分表达意见和建议，达到决策目标符合民情，决策过程尊重民意、决策结果顺应民心。

从决策的重要性程度看，可以把决策分为战略决策、战术决策和业务决策；从决策条件（或称自然状态）的可控程度可以把决策分为确定型决策、风险型决策和不确定型决策；按发生的重复性，决策可以划分为程序化决策与非程序化决策。

定性决策方法有集体决策法和有关活动方向的方法，定量决策方法包含确定型决策、风险型决策和不确定型决策。

3.4.2 管理辩论2：集体决策VS个人决策

【辩论主题】

集体决策与个体决策哪种方式更有效。

【辩论目的】

掌握集体决策的优缺点和集体决策的适用条件。

【知识链接】

集体决策的优点：有利于交流信息、集思广益，比较客观和科学，也有利于减少和避免决策失误；集体决策的缺点：常常拖延时间，影响效率，遇紧迫性问题时容易丧失良机。

【辩论评论】

集体决策和个体决策孰优孰劣取决于衡量决策效果的标准。就准确性而言，集体决策更准确。证据表明，集体决策比个人决策质量更优。但就速度而言，个体决策优势更大。因此，在决定是否采用集体决策形式时，应权衡一下集体决策在决策效果上的优势能否超过它在效率上的损失。集体决策适用于对关系到组织全局的、长远发展的战略问题等进行决策。

3.4.3 管理辩论3：精英决策与民主决策哪种更有利于正确决策的提出与形成？

【辩论主题】

精英决策与民主决策哪种更有利于正确决策的提出与形成？

【辩论目的】

掌握精英决策与民主决策的优缺点。

【知识链接】

精英决策是指由权利集团的核心成员、特定领域的学者或专家集团联合做出决策。精英决策是对“长官”决策权利的分享，是对“长官”自由意志的一种制约和限制。精英决策是一种参与有限的集体决策形式。民主决策的典型特征是“大众参与”，指的是决策的形成要征得大多数的同意，大众对这一决策具有知情权、讨论权、参与权和否决权。

【辩论评论】

决策的过程是决策主体运用科学方法，在对决策对象获取足够信息的基础上，从若干方案中选择一个最具合理性和可行的方案，进行分析、判断和抉择的过程。从上面的辩论可知不同的决策各有其优点和缺点，应当根据实际情况，辩证选择，而不是机械地割裂开来。

首先，由于决策过程的复杂性，而个人智慧有限，单靠个人或少数人决策，很难取得对事物的真理性认识。同时又由于群体知识或认知的缺陷，我们需要发挥精英决策的作用，通过向专家咨询和请专家论证，对有关问题展开充分的讨论，把问题摆到桌面上来，使决策者既了解当前整个局势，又预知未来发展趋势；既明确主观条件，又知晓客观因素，真正取得对事物的真理性认识并求得共识，再进行决断，实现由经验决策向科学决策的转变。

3.5　案例分析

3.5.1　案例分析1：艾森豪威尔的英明决策

1944年6月4日，盟军集中45个师，1万多架飞机，各型舰船几千艘，即将开始规模宏大的诺曼底登陆作战。就在这关键时刻，在大西洋上的气象船和气象飞机却发来令人困扰的消息：今后三天，英吉利海峡将在低压槽控制之下，舰船出航十分危险。盟军最高统帅艾森豪威尔面对恶劣天气笼罩的英吉利海峡一筹莫展。盟军司令部的司令官们都知道，登陆战役发起的登陆日，对气象、天文、潮汐这三种自然因素条件也有要求。就在大家几乎束手无策时，盟军联合气象组的负责人、气象学家斯塔戈提出一份预报，有一股冷风正向英吉利海峡移动，在冷风过后和低压槽到来之前，可能会出现一段转好的天气。当时，联合气象组对6日的天气又作了一次较为详细的预报：上午晴，夜间转阴。这种天气虽不理想，但能满足登岸的起码条件。艾森豪威尔沉思片刻，果断做出最后决定：“好，我们行动吧！”后来虽因天气不好，使盟军空降兵损失了60%的装备，汹涌的海浪使一些登陆战船沉没，轰炸投弹效果差，但诺曼底登陆作战一举成功，却是不可否认的事实。

【关键词】

决策满意原则；决策最优原则

【知识链接】

决策遵循的是满意原则，而不是最优原则。决策要达到最优必须满足的条件在现实中往往难以达到。这些条件包含容易获得与决策有关的全部信息，真实了解全部信息的价值所在，并据此拟订出所有可能的方案，准确预测每个方案在未来的执行结果。

【问题和答案要点】

如何评论艾森豪威尔的决策？

从决策目标来看，案例中所体现的决策属于满意决策。满意决策是指在现实条件下求得满意目标的决策。就管理领域来看，由于管理内容的广泛性和目标的复杂性，绝对最优目标实际上是无法实现的。因此，决策通常都是满意决策，即相对“最优决策”。

这个事例说明艾森豪威尔在选择登陆日时，并没有追求十全十美，他们选择的日子——6月6日并不理想，但6月6日的天气状况能满足登陆的起码要求，所以选择6月6日为登陆日，符合“满意准则”。反之，如果艾森豪威尔为找一个适合登陆的十全十美的好天气，而延期登陆，后果将不堪设想，诺曼底登陆很可能化为泡影，这将给战争带来难以估量的影响，战争结束时间将推迟，盟军会付出更多血的代价。从这个角度看，艾森豪威尔的决策无疑是正确的。

资料来源：http：//m. ishare. iask. sina. com. cn/f/23588298. html.

3.5.2 案例分析2：蔬菜管理

彼得·莫斯是一名生产和经营蔬菜的企业家。他现在已有50 000平方米的蔬菜温室大棚和一座相邻的办公大楼，并且聘请了一批农业专家顾问。

莫斯经营蔬菜业务是从一个偶然事件开始的。有一天，他在一家杂货店看到一种硬花球花椰菜与花椰菜的杂交品种，他突发奇想，决定自己建立温室培育杂交蔬菜。

莫斯用从他祖父那里继承下来的一部分钱，雇用了一班专门搞蔬菜杂交品种的农艺专家，这个专家小组负责开发类似于他在杂货店中看到的那些杂交品种蔬菜，并不断向莫斯提出新建议。如建议他开发菠生菜（菠菜与生菜杂交品种），橡子萝卜瓜、橡子南瓜以及萝卜的杂交品种。特别是一种柠檬辣椒，是一种略带甜味和柠檬味的辣椒，他们的开发很受顾客欢迎。

同时，莫斯也用水栽法生产传统的蔬菜，销路很好。生意做得如此好，以致他前段时期很少有更多的时间考虑公司的长远规划与发展。最近，他觉得需要对一些问题进行决策，包括职工的职责范围、生活质量、市场与定价策略、公司的形象等。

莫斯热衷于使他的员工感到自身工作的价值。他希望通过让每个员工“参与管理”了解公司的现状，调动职工的积极性。他相信：这是维持员工兴趣和激励他们的最好办法。

他决定在本年度12月1日上午9时召开一次由所有农艺专家参加的会议，其议程是：

（1）周末，需要有一个农艺师在蔬菜种植现场值班，随叫随到，并为他们配备一台步话机，目的是一旦蔬菜突然脱水，可以找到这些专家处理紧急情况，要做的决策是：应该由谁来值班，他的责任是什么？

（2）公司的颜色是绿色的，要做的决策是新地毯、墙纸以及工作服等应该采取什么样的绿色色调？

（3）公司有一些独特的产品，还没有竞争对手，而另外一些产品，在市场上竞争十分激烈。

要做的决策是对不同的蔬菜产品应当如何定价，彼得·莫斯要求大家务必准时到会，积极发表意见，并期望得到最有效的决策结果。

【关键词】

决策质量；群体决策；决策过程

【知识链接】

决策过程包含以下几个方面：

（1）诊断问题（识别机会）：决策者必须知道哪里需要行动；尽力获取精确、可依赖的信息。

（2）明确目标：目标体现的是组织想要获得的结果；明确所要获得结果的数量和质量。

（3）拟定方案：管理者要提出达到目标和解决问题的各种方案；从多角度审视问题。

（4）筛选方案：确定所拟定的各种方案的价值或恰当性，并确定最满意的方案；仔细考虑各种方案的预期成本、收益、不确定性和风险。

（5）执行方案：调动各种相关资源，以保证方案的顺利执行；有效处理执行过程中遇到的阻力。

（6）评估效果：将方案实际的执行效果与管理者当初所设立的目标进行比较，看是否出现偏差；决策是一个循环往复的过程。

【问题】

1. 决策的有效性应取决于（　　）。

   A. 决策的质量高低　　B. 是否符合决策的程序

   C. 决策的质量与参与决策的人数　　D. 以上提法均不全面

2. 按照利克特的行为模式，彼得·莫斯的工作作风与管理方式属于（　　）。

   A. 协商式　　B. 样体参与式　　C. 开明权威式　　D. 民主式

3. 12月1日所召开的会议是必要的吗？（　　）

   A. 很必要，体现了民主决策

   B. 不必要，会议议题与参与者不相匹配

   C. 有必要，但开会的时间选择为时过晚

D. 对一部分议题是必要的，对另一部分议题是不必要的

4. 公司的装潢问题是否需要进行群体决策？（　　）

A. 完全需要，因为绿色是企业的标志

B. 需要，但参加决策的人应当更广泛一些

C. 不需要，此项决策可以由装潢专家决定或者运用民意测验方法征询意见

D. 需要与不需要，只是形式问题，关键在于决策的质量

5. 定价问题是否需要列入彼得·莫斯12月1日的决策议事日程？（　　）

A. 需要，因为它是企业中重大的问题参考资料

B. 不需要，该项决策的关键是质量问题，而不是让所有的员工参与和接受

C. 在稳定的市场环境下，不需要，在变化的市场环境下，则需要集思广益，群体决策

D. 定价应当由经济学家来解决

3.5.3 案例分析3：袁经理的管理决策

袁经理从20世纪90年代以来，一直担任A农机公司的总裁，这家公司是一家生产和销售农业机械的企业。1995年产品销售额达到4000万元，1996年达到4200万元，1999年达到4450万元，2003年合计4600万元。袁先生每当坐在办公桌旁，看这些统计数字和报表时常常为这些业绩感到自豪。

一天下午，又是办公会议时间，袁先生召集了公司在各地的经销负责人，分析目前和今后销售形势，在会上，有些经销负责人指出：农业机械产品总的看来，尚有一定的市场潜力，但消费者的需求和趋向已经发生了重大的改变，公司应针对用户的需求，增加和改进新的产品，淘汰一些老化的产品，以满足现在用户和潜在用户的新需求。

身为机械工程师的袁经理，对新产品的研制、开发工作应当说是行家能手。因此，他听完了各地经销负责人的意见之后，心里很快就做出了盘算，新产品的开发首先需要增加研究与投资，之后，又要花钱改造公司现有的自动化生产线，这两项工作耗时3～6个月，增加生产品种的同时意味着必须储备更多的备用零件，并根据需要对工作进行新技术培训，投资还会进一步增加。

袁经理一直有这样一种看法：从事经销工作的人总是喜欢以自己的业务方便来考虑，不断提出对各种新产品的要求，却不会考虑品种更新以及开发新产品必须投入的成本情况，这些意见不足以作为决策的依据。袁经理认为，公司目前的这几种产品，经营的效果还不错。

经过认真的盘算，他决定不考虑新品种开发的建议。目前的市场策略仍然是确保现有产品品种的地位和稳步发展。袁经理认为，只要不断提高现在产品的质量并通过降低产品的成本，开出具有吸引力的价格，不怕用户不走上门来，并坚信质量是提高产品致胜的法宝，他相信用户也是这样考虑的。

袁经理虽然按照自己的想法做出了决策，但是仍然表示听一听下级人员和专家顾问的意见，这对自己是有益的。

【关键词】

生产观念；产品观念；市场营销观念；社会营销观念；专制权威式；开明权威式

【知识链接】

社会营销观念（societal marketing concept），即企业在其经营活动中必须承担起相应的社会责任，保持企业利益、消费者利益同社会利益的一致性。企业是一种营利性的组织，处于经济循环系统之中。

所谓集权式领导者，就是把管理的制度权力相对牢固地进行控制的领导者。

民主式领导者特征是向被领导者授权，鼓励下属的参与，并且主要依赖于其个人专长权和模范权影响下属。

【问题】

1. 根据案例提供的资料，你认为：A农机公司现在农业机械产品市场是属于（　　）。
   A. 开发期　　B. 成长期　　C. 成熟期　　D. 衰退期
2. 袁先生最终决定，不开发新的农机产品进入市场，其主要原因是（　　）。
   A. 投资与成本问题　　B. 开发期过长
   C. A+B　　D. 经销人员的建议价值不高
3. 从袁先生在处理决策问题的手段和措施看，其领导风格是属于（　　）。
   A. 专制权威式　　B. 开明权威式　　C. 群体参与式　　D. 中间式
4. 从袁先生的最终决策以及管理的信条看，他是属于（　　）。
   A. 生产观念　　B. 产品观念　　C. 市场营销观念　　D. 社会营销观念
5. 袁先生的最终决策结果，最有可能的是（　　）。
   A. 老产品继续保持市场优势，市场占有率和业务增长率进一步扩大
   B. 业务增长率扩大，市场占有率下降
   C. 业务增长率和市场占有率同时下降
   D. 无法确定
6. 如某你是顾问专家，你会对袁先生的决策如何评价。

3.5.4 案例分析4：铱星的悲剧

铱星的悲剧告诉我们，技术不能代替市场，决策失误导致铱星陨落。铱星代表了未来通信发展的方向，但仅凭技术的优势并不能保证市场的胜利。“他们在错误的时间，错误的市场，投入了错误的产品。”这是业界权威对铱星陨落的评价。

第一，技术选择失误。铱星系统技术上的先进性在目前的卫星通信系统中处于领先地位。但这一系统风险大，成本过高，维护成本也相当高。

第二，市场定位错误。谁也不能否认铱星的高科技含量，但用66颗高技术卫星编织起来的世纪末科技童话在商用之初却把自己的位置定在了“喷族科技”上。铱星手机价格每部高达3000美元，加上高昂的通话费用，使得通信公司运营最基础的前提——用户

发展数目远低于它的预期。在开业的前两个季度，铱星在全球只发展了1万个用户，而根据铱星方面的预计，初期仅在中国市场就要达到10万个用户，这使得铱星公司前两个季度的亏损即达10亿美元。尽管铱星手机后来降低了收费，但仍未能扭转颓势。

第三，决策失误。有专家认为，铱星系统在1998年11月份投入商业服务的决定是“毁灭性的”。受投资方及签订的合约所限，在系统本身不完善的情况下，铱星系统迫于时间表的压力而匆匆投入商用，差的服务给用户留下的第一印象对于铱星公司来说是灾难性的。因此，到依星公司宣布破产保护时为止，铱星公司的客户还只有2万多家，而该公司要实现盈利至少需要65万个用户，每年光维护费就要几亿美元。

第四，销售渠道不畅。铱星系统投入商业运营时未能向零售商们供应足够的铱星电话机：有需求而不能及时得到满足，这也损失了不少用户。

第五，作为一个全球性的个人卫星通信系统，理论上它应该是在全球通信市场开放的情况下，由一个经营者在全球统一负责经营，而事实上这根本不现实。由于以上这些原因造成了铱星负债累累，入不敷出。

【知识链接】

决策是管理者识别并解决问题的过程，或者管理者利用机会的过程。适量的信息是决策的依据，信息的数量和质量直接影响决策水平。

【问题】

结合铱星公司破产的案例，谈谈你对企业决策重要性的认识和体会。

3.5.5 案例分析5：该由谁骑这头驴

一位农民和他的孙子到离村8千米远的城镇去赶集。开始时老农骑着驴，孙子跟在驴后面走。没走多远，就碰到一位年轻的母亲，她指责农夫虐待他的孙子。农夫不好意思地下了驴，让给孙子骑。

又走了1千米，他们遇到一位老和尚，老和尚见年轻人骑着驴，而让老者走路，就骂年轻人不孝顺。孙子马上跳下驴，看着他爷爷。两人决定谁也不骑。

这样两人又走了3千米路，碰到一学者，学者见两人走得气喘吁吁的，就笑话他们放着驴不骑，自找苦吃。农夫听学者这么说，就把孙子托上驴，自己也翻身上驴。

两人一起骑着驴又走了2千米，碰到了一位外国人，这位外国人见他们两人合骑一头驴，就指责他们虐待牲口！

【知识链接】

决策的影响因素包括：①环境因素，包括环境的稳定性、市场结构和买卖双方在市场中的地位等；②组织自身的因素，包括组织文化、组织的信息化程度和组织对环境的应变模式等；③决策问题的性质，包括问题的紧迫性和问题的严重性等；④决策主体的因素，包括个人对待风险的态度、个人能力、个人价值观和决策群体的关系融洽程度等。

【问题和答案要点】

案例有什么启发？

不同的人面临同一问题有不同的决策方案；

考虑问题要全面周到，一旦做出决定，不要轻易更改自己的决定；

由于所处角度不同，每个人看待问题的方式不一样，仁者见仁智者见智；

决策会受到诸多因素影响。

3.5.6　案例分析6：爬还是不爬

有一对兄弟，他们的家住在80层楼上。

有一天他们外出旅行回家，发现大楼停电了！虽然他们背着大包的行李，但看来没有别的选择，于是哥哥对弟弟说，我们就爬楼梯上去！

于是，他们背着两大包行李开始爬楼梯。爬到20楼的时候他们开始累了，哥哥说"包包太重了，不如这样吧，我们把包包放在这里，等来电后坐电梯来拿。"

于是，他们把行李放在了20楼，轻松多了，继续向上爬。

他们有说有笑地往上爬，但是好景不长，到了40楼，两人实在累了。想到还只爬了一半，两人开始互相埋怨，指责对方不注意大楼的停电公告，才会落得如此下场。

他们边吵边爬，就这样一路爬到了60楼。到了60楼，他们累得连吵架的力气也没有了。弟弟对哥哥说，"我们不要吵了，爬完它吧。"

于是他们默默地继续爬楼，终于80楼到了！兴奋地来到家门口，兄弟俩才发现他们的钥匙留在了20楼的包包里了。

【知识链接】

决策过程包含以下几个方面：

（1）诊断问题（识别机会）：决策者必须知道哪里需要行动；尽力获取精确、可依赖的信息。

（2）明确目标：目标体现的是组织想要获得的结果；明确所要获得结果的数量和质量。

（3）拟定方案：管理者要提出达到目标和解决问题的各种方案；从多角度审视问题。

（4）筛选方案：确定所拟定的各种方案的价值或恰当性，并确定最满意的方案；仔细考虑各种方案的预期成本、收益、不确定性和风险。

（5）执行方案：调动各种相关资源，以保证方案的顺利执行；有效处理执行过程中遇到的阻力。

（6）评估效果：将方案实际的执行效果与管理者当初所设立的目标进行比较，看是否出现偏差；决策是一个循环往复的过程。

【问题和答案要点】

案例有什么启发？

1. 识别问题：

停电；回家。

2. 分析问题：

如何回家？要么坐电梯，要么爬楼梯；但现实复杂。

3. 解决问题。

3.5.7 案例分析7："格兰仕"进军空调业的决策可取吗

我国生产微波炉这种制"热"产品的龙头企业——格兰仕集团公司，于2000年9月21日在北京召开新闻发布会正式公布：将投入20亿元巨资进入空调制冷业，其空调产品将在国庆节前后批量投放市场，并将在短时间内使空调产品成为该公司的第二主导产品；还决定将进入电冰箱行业。格兰仕公司为什么要进入空调业、电冰箱行业等两个制冷行业？

该公司一位负责人说：

（1）格兰仕在微波炉市场上拥有绝对优势，但在微波炉这一单一产品上，生产规模已达1200万台/年，格兰仕很难再有大的发展空间。

（2）空调产品正处于成长期，随着人民生活水平提高，市场容量将不断扩大，空调产品降价的余地很大，因而国内空调市场的需求量将变得十分巨大。

（3）由于全球变暖，过去很少用空调的地区如欧洲也开始大量使用空调。而欧洲空调生产厂家少，只能依赖进口。因此，拓展欧洲空调市场潜力很大，格兰仕有开拓国际市场的经验和渠道。

（4）格兰仕的微波炉产品是盈利产品，积累了雄厚的资本，另外有40亿元的银行授信贷款尚未动用，因而有能力对空调和电冰箱产品进行巨额投资。

【思考问题】

1. 空调和电冰箱这两个行业竞争已很激烈，格兰仕进入这两个行业能站得住脚吗？

2. 该公司负责人对国内外的空调市场的预测准确吗？进入空调业能获得成功吗？

3.5.8 案例分析8：河涌的治理

位于华南地区的M市，商业繁荣，制造业发达，但河涌污染极其严重。尽管多次治理，但都没有达到预期效果。2017年，为了彻底解决这一难题，也为了体现决策的科学化、民主化，当地政府举行了一次会议，将有关专家聚集到一起，希望依靠专家集体的智慧，创造性地解决河涌污染问题。会议期间，主持者极力创造一种宽松自由的气氛，一般不发表意见，不对任何意见、建议发表评论，只向专家们阐明问题，说明会议的规则，专家们也不受任何条条框框的限制，大胆地放开思维，任意地自由想象。同时，专家们只能各自发表自己的意见，既不能肯定或否定他人的某个设想，也不能对某个设想发表评论性意见，从而从不同角度层次和方位提出尽可能多的具有独创性的想法。最后形成若干切实可行的方案、设想提交给政府，成为政府出台河涌治理政策的重要参考。

本案例中河涌治理采取的是什么决策方法？

（1）头脑风暴法。

（2）试分析该决策方法的原则有哪些？

头脑风暴法的原则：各自发表自己的意见，对别人的建议不作评论；建议不必深思熟虑，越多越好；鼓励独立思考、奇思妙想；可以补充完善已有的建议。

资料来源：专插本《管理学》试题。

3.5.9　案例分析9：谢经理的决策之道

谢伟是一家大型企业的销售部经理，他聪明机灵，为人诚恳，富有民主意识和进取精神，喜欢听取下属的意见。一天，企业经理把他叫到办公室，对他说，企业准备推出一个新产品，希望他们能尽快拿出一个切实可行的推广方案。

谢经理明确任务之后，马上召集销售部的全体人员开会。他把大家分成三个小组，要求每个小组认真调查研究，各自设计一个方案。方案设计出来后，谢经理并没有自作主张，从中选出一个自己认为最佳的方案，而是要求每一个小组将其方案交给其他两个小组传阅，这样每个小组都有机会了解其他小组的方案。

随后，谢经理又召集全体人员开会，三个小组的代表在会上详细介绍了本组方案的情况和对其他小组方案的看法，大家各抒己见，交流观点，最后共同选出了一个令大家满意的方案。但是，总经理却不高兴，批评谢经理误了企业之事。

【问题和答案要点】

1. 按决策主体划分，谢经理的决策属于哪种类型的决策？

谢经理的决策属于集体决策。

2. 这种类型的决策有何优点？

集体决策的优点：有利于交流信息、集思广益，比较客观和科学，也有利于减少和避免决策失误；集体决策的缺点：常常拖延时间，影响效率，遇紧迫性问题时容易丧失良机。

3. 你认为这种类型的决策适用于什么情况？

集体决策适用于对关系到组织全局的、长远发展的战略问题等进行决策。

资料来源：专插本《管理学》试题。

3.5.10　案例分析10

马厂长是佳迪饮料厂的厂长，回顾8年的创业历程真可谓是艰苦创业、勇于探索的过程。全厂上下齐心合力，同心同德，群策群力为饮料厂的发展立下了不可磨灭的汗马功劳。但最令全厂上下佩服的还数4年前马厂长决定购买二手设备（国外淘汰生产设备）的举措，饮料厂也因此跻身国内同行业强手之林，令同类企业刮目相看。今天马厂长又通知各部门主管及负责人晚上8点在厂部会议室开会。部门领导们都清楚地记得4年前在同一时间、同一地点召开会议时，马厂长作出了购买进口二手设备这一关键性决定。在他们看来，又有一项新举措即将出台。

晚上8点，会议准时召开，马厂长庄重地讲道："我有一个新的想法，我将大家召集到这里是想听听大家的意见或看法。我们厂比起4年前已经发展了很多，可是，比起国外同类行业的生产技术、生产设备来，还差得很远。我想，我们不能满足于现状，我们应该力争世界一流水平。当然，我们的技术、我们的人员等诸多条件还差得很远，但是我想为了达到这一目标，我们必须从硬件入手，即引进世界一流的先进设备，这样一来，就会带动我们的人员、带动我们的技术等一起前进。我想这也并非不可能，4年前我们不就是这样做的吗？现在厂的规模扩大了，厂内外事务也相应地增多了，大家都是各部门的领导及主要负责人，我想听听大家的意见，然后再作决定。”

会场一片肃静，大家都清楚记得，4年前马厂长宣布他引进二手设备的决定时，有近70%的成员反对，即使后来马厂长谈了他近三个月对市场、政策、全厂技术人员、工厂资金等厂内外环境的一系列调查研究结果后，仍有半数以上人持反对意见，10%的人持保留态度。因为当时很多厂家引进设备后，出于不配套和技术难以达到等因素，均使高价引进的设备成了一堆闲置的废铁，但是马厂长在这种情况下仍采取了引进二手设备的做法。事实表明，这一举措使佳迪饮料厂摆脱了企业由于生产设备落后、资金短缺所陷入的困境。二手设备那时价格已经很低，但在我国尚未被淘汰。因此，佳迪厂也由此走上了发展的道路。马厂长见大家心有余悸的样子，便说道；“大家不必顾虑，今天这一项决定完全由大家决定，我想这也是民主决策的体现，如果大部分人同意，我们就宣布实施这一决定；如果大部分人反对的话，我们就取消这一决定。现在大家举手表决吧。”于是会场上有近70%人投了赞成票。

【关键词】

决策过程；决策影响因素

【知识链接】

决策的影响因素包括：①环境因素，包括环境的稳定性、市场结构和买卖双方在市场中的地位等；②组织自身的因素，包括组织文化、组织的信息化程度和组织对环境的应变模式等；③决策问题的性质，包括问题的紧迫性和问题的严重性等；④决策主体的因素，包括个人对待风险的态度、个人能力、个人价值观和决策群体的关系融洽程度等。

【问题和答案要点】

1. 马厂长的两次决策过程合理吗？为什么？

从案例来看，马厂长的两次决策分别是个人决策和集体决策。第一次的决策合理，因为马厂长是在掌握充分的信息和对有关情况分析的基础上做出购买进口二手设备决定的，充分发挥了个人决策的作用，效率高且责任明确。这一决策使佳迪饮料厂摆脱了企业出于当时设备落后、资金短缺所陷入的困境，并因此走上了发展之路。而第二次决策引进世界一流的先进设备的决策过程不够合理，马厂长虽然说民主决策，但集体决策的效果没有得以充分体现。由于服从压力，存在少数人的权威作用，使集体决策成员从众现象较为明显，影响了决策的质量。

2. 如果你是马厂长，在两次决策过程中应做哪些工作？

作为佳迪饮料厂的厂长，第一次决策购买进口二手设备，采取个人决策是成功的。但由于个人决策受到有限要件——个人行为特征（如行动的持久性、知觉、成见、个人价值系统、对问题的感知方式）等的影响，所以马厂长应充分考虑企业自身的实际和外部环境因素，在信息充足、备选方案充分的前提下做出决策。

由于企业规模扩大，第二次决策引进世界一流的先进设备时采取集体决策，不仅可提供更完整的信息、产生更多的方案、提高方案的接受性和合法性，而且可减少个人决策因知识所限，能力所限，个人价值观、决策环境的不确定性和复杂性等造成的影响，提高决策的质量。所以，在第二次决策时，作为厂长应精心营造群体决策的氛围，引导集体决策成员积极参与，明确责任，以充分发挥集体决策的作用。

3. 影响决策的主要因素是什么?

影响决策的主要因素有：①决策者，如决策者对风险的态度；②决策方法；③决策环境，④组织文化；⑤时间。

决策方式的选择，主要视决策问题的性质、参与者的能力和相互作用的方式等而定。

资料来源：https：//club. 1688. com/article/28350392. html.

3.6 管理游戏

3.6.1 管理游戏1：小组决策价格的升降

游戏背景：这个游戏用简单的形式再现了商业领域的竞争关系和定价策略，从而为学生提供了实战演习的机会。这个游戏是典型的博弈论思想的体现，反映出在“背靠背”的情况下怎样应对和猜测对手的想法。

游戏规则和程序：

（1）将学生分成5~6个组，每个组将分别代表一家航空公司在市场经营。

（2）市场经营的规则就是：所有航空公司的利润率都维持在9%；如果有三家以下的公司采取降价策略，降价的公司由于薄利多销，利润率可达12%，而没有采取降价策略的公司利润率则为6%；如果有三家和三家以上的公司同时降价，则所有公司的利润都只有6%。

（3）每个小组派代表找教师，教师给他们交代上述游戏规则。并告诉小组代表，他们之间需要通过协商初步达成一种协议。初步协商之后小组代表回到小组，并将情况向小组汇报。

（4）小组经过讨论5分钟之后，需要做出最终的决策：降还是不降？并将决定写在纸条上，同时交给教师。

（5）教师公布结果。

3.6.2 管理游戏2：创意之“星”的性格特征

形式：集体参与。

时间：20～30分钟。

材料：无。

场地：不限。

应用：创造力培养。

目的：使学生了解那些创意之“星”的性格特点。

程序：

（1）告诉大家每个人都具有创意的潜质。但是，去了解那些我们认为是处在创新之巅的人们的性格特征，对于我们来讲难道不是一件有趣的事吗？

（2）让每个学生各自列出一些他们所知的创新之“星”的性格特点。

（3）组成4～5人的小组，并让他们相互比对一下各自列出的内容。

（4）10分钟以后，让他们回复到大班的形式。

问：你们刚才发现什么？有哪些相同点？哪些不同点？你了解到创新之“星”有哪些特点？大家可能提及的部分性格特点包括如下：积极性、可靠性、具有管理技巧、公正、双赢的问题解决者、鼓励、聪明、果断、见多识广、有效的谈判者、远见、未雨绸缪、动机激发者、善于沟通、精益求精、信心建造者、诚实、充满活力、协调者、团队建造者、激励下属、可信赖的。以上这些结果很好地表明了你们所有的人——不管其个性如何——都具有创意潜质这一事实。

（5）你可能会希望提供以下的信息：那些以他们独特的创新能力著称世界的名人。他们有其共通之处，但以下事实可能会令你惊讶不已：他们中的许多人在传统的教育体制下并没有表现出超出常人的一面。相反，许多人甚至没有读过大学或获得学士学位。他们热衷于和社会这个大家庭接触，喜欢结交。

3.6.3 管理游戏3：“头脑风暴法”游戏

（1）在5分钟以内想出尽可能多的“回形针”的用途。

（2）每个组选出一人记载本组所想出的主意的数量，在5分钟之后，推选出本组中最新奇、最疯狂、最具有建设性的主意，派一名代表上台发言，通过投票选出想法最多、最新奇的组，该组获胜。

（3）规则：

①不许有任何批评意见，只考虑想法，不考虑可行性。

②想法越古怪越好，鼓励异想天开。

③所要求的是数量而不是质量。

④可以寻求各种想法的组合和改进。

⑤发言简练。

3.6.4 管理游戏4：德尔菲决策法

形式：集体参与。

时间：约30分钟。

材料：一罐玉米或类似道具。

场地：不限。

应用：决策技巧；领导艺术。

目的：表明在决策（预测）过程中，结构化的方法对获得趋同观点的重要性。

程序：

在一个罐子里装上玉米（事先数好）。将罐子给大家看，并让大家估计玉米的数量。算出平均数、中间数和频数分布，并将结果告诉大家（有时也会告诉大家推导结论的基本原理）。将该过程重复3遍（或直到得出一个比较稳定的结果）。宣布正确答案，并请大家比较一下自己最初的估计和小组最后的结论，看哪个更准确。

讨论：

1. 哪个更准确：个人原先的估计还是小组最终的决定？
2. 为什么小组往往更准确？
3. 为什么大家的答案会趋同？
4. 这种方法在你的工作中有何应用？

总结与评估：

特尔斐方法：选出一组见多识广的专家，每个专家要对需要解决的问题真正感兴趣，问题涉及对未来事态的预测（如公司5年后的销售额）。要请专家小组尽最大努力做出推测，也会给他们提供一些反馈信息（小组平均数和频数分布）。这个过程会（以不计名的方式）重复数次，一般会出现一个明显的趋同想法，这个想法后来也会被证实是准确的。

资料来源：https：//wk. baidu. com/view/1bc4a24e3968011ca2009177.

第 4 章 目标和计划的确立

4.1 小组展示主要内容

教师按照教学大纲的要求，将本章重点知识分派给各小组，要求各小组以 PPT 形式将主要知识点向全体成员展示，主要内容如下：计划的类型；计划编制过程。

4.2 团队训练

4.2.1 团队训练 1：目标和计划的确立

活动目的：在团队成员间创造良好的合作气氛和精神，培养团队的预见能力，建立团队的目标。

所需材料：挂图。

步骤：

给每个成员 2 分钟时间，让他们想象一下，一年之后团队的理想工作状况会怎样？

让每个成员描述一下他们的预见。每个人的发言不得超过 1 分钟，将他们描述情形列在挂图上。指定一个小组，在下一次会议之前，根据挂图上所列的项目，草拟一个行动计划的大纲。这个计划大纲中所列的项目应当受整个团队直接或间接的控制，并且必须在下一年完成，以实现整个团队的目标。并把对这个计划大纲的介绍和就此展开的讨论列入下一次会议的议程。

讨论题：

1. 你们的总体计划可行性如何？在接下去的一年中，你能够实现这个目标吗？
2. 什么因素可能会让你们失败？今后将采取什么措施力争使目标得以实现？

资料来源：https：//wenku. baidu. com/view/78dda4d049649b6648d7475d. html.

4.2.2 团队训练 2：士多店的管理状况调查

在学校附近选取一个士多店，对其经营管理状况进行调查，主要包含采购计划、进货渠道、商品销售计划等内容。团队由 6 人自由组合而成，并指定一个主要负责人或主发言人，以 PPT 形式在 5 分钟时间内在课堂上面向全体同学展示调查结果。

4.2.3 团队训练 3：制订目标管理方案

为你所在的学生社团或寝室制订一个目标管理方案，小组以 PPT 形式展示。

训练要求：

（1）应进行必要的调查研究，正确地确定目标项目与标准。

（2）方案必须充分体现目标管理的特点与要求，具有可操作性。

（3）方案应具备完整的结构，语言通顺流畅、简明清晰。

4.3　管理情景模拟

4.3.1　管理情景模拟1：模拟分析一份企业计划

【实训目的】

掌握计划的内容和制订计划的步骤。

【实训步骤】

通过各种途径获取一份企业计划，在分析计划书的过程中，理解计划的分类，领会计划制订的方法，并与目标管理知识相联系，整理出支持本计划的目标。

【实训内容】

（1）与相关企业管理人员进行沟通，获取计划书一份。

（2）了解制订计划的相关背景及实施情况。

（3）参照教材中的计划理论并应用其进行分析。

【方法与要求】

（1）各小组成员经多方联系，获得企业的一份计划书，可以是产品销售计划、采购计划、房地产开发计划或营销策划方案等。

（2）以小组为单位，对小组成员搜集到的计划进行分类，讨论这些计划是由哪些部门制订的，制订的程序如何，包含了计划的哪些因素。认真评价计划优点，并将讨论过程及分析结果做好记录。

【实训考核】

（1）每个小组上交一份计划讨论记录，由老师批阅后记入小组积分。

（2）考核每个人所取得资料的典型性，分A、B、C、D四个等级评定。

资料来源：https：//m. doc88. com/p－7415435564337. html.

4.3.2　管理情景模拟2：制订学习计划

根据自己的学习实际情况，运用所学管理学计划部分的相关知识，制订一个学习计划，要求包含计划的基本内容和计划的制订过程等要素，以PPT形式面向全体同学展示自己的学习计划。

4.3.3 管理情景模拟3：制订计划保证公司目标的实现

某A公司是某市内一家服装企业，老管理退休了，来了个新的管理。一天，他召开动员大会，制定了公司新的目标和计划，定下日产量要到 x 件，销售额要到 y 元，还提出了一系列的要求。心想如此完美的终极目标肯定可以为公司创造辉煌的。

殊不知，员工们为了实现他那所谓完美的目标，上级对下级发令，下级再对下级发令，说要达到什么目标，而不提出具体方案和措施，导致了底层员工一片混乱，上层员工随手摔摊。中期，也没做出定期纠正，公司逐渐走向破产。

【模拟事项】

假设你是新来的管理者，你应该怎样制订计划保证公司目标的实现？

4.4 管理辩论：短期目标与长期目标哪个更重要

【辩论目标】

了解短期目标和长期目标，能够掌握它们之间的关系。

【知识链接】

短期目标是长期目标的实践基础，是长期目标的实践根据。短期目标培养人、树立人脚踏实地、实事求是的精神品质，而非常人所误解的鼠目寸光、胸无大志。

在教学过程中，采用短期目标设置教学具有以下优点：

（1）激发了学生的学习动机。目标设置成功的目标让学生有一个心理准备，他们知道自己的发展方向，就可以主动地投入学习当中，从而调动学习的积极性与主动性。

（2）激发了学生学习的创造性。目标设置的教学方式可以让学生清晰地知道自己要学习什么，从而根据这一目标在自己的心中形成一个学习计划，有助于提升学生对排球项目的学习能力，帮助他们提升自己的体质，形成良好的主动学习习惯，学习不再是无目的、被动地接受，而是开始进行主动地带有探索精神的行为。

（3）目标设置能加速运动技能的形成和完善、提高练习的效率与质量，同时，有效的目标设置让学生的学习效果得到及时、准确、客观的评价，使其扬长避短，增强教学的针对性与时效性。

（4）通过短期目标设置使学生尝到成功的喜悦，培养了学生的自信心，逐步实现长期目标以达到增强体质，促进学生身心全面健康发展，培养终身体育的意识，全面实现大学体育教学的最终目的。

4.5　案例分析

4.5.1　案例分析1：目标

曾经有人做过这样一个实验：组织3组人，让他们沿着公路步行，分别向10千米外的3个村子行进。

甲组不知道去的村庄叫什么名字，也不知道它有多远，只告诉他们跟着向导走就是了。这个组刚走了两三千米时就有人叫苦了，走到一半时，有些人几乎愤怒了，他们抱怨为什么要大家走这么远，何时才能走到。有的人甚至坐在路边，不愿再走了。越往后人的情绪越低，七零八落，溃不成军。

乙组知道去哪个村庄，也知道它有多远，但是路边没有里程碑，人们只能凭经验估计大致要走两个小时。这个组走到一半时才有人叫苦，大多数人想知道他们已经走了多远了，比较有经验的人说："大概刚刚走了一半的路程。"于是大家又簇拥着向前走。当走到四分之三的路程时，大家又振作起来，加快了脚步。

丙组最幸运。大家不仅知道所去的是哪个村子，它有多远，而且路边每公里有一块里程碑。人们一边走一边留心看里程碑。每看到一个里程碑，大家便有一阵小小的快乐。这个组的情绪一直很高涨。走了七八千米以后，大家确实都有些累了，但他们不仅不叫苦，反而开始大声唱歌、说笑，以消除疲劳。最后的两三千米，他们越走情绪越高，速度反而加快了。因为他们知道，要去的村子就在眼前了。

【问题和答案要点】

案例的启示是什么？

上述实验表明，要想带领大家共同完成某项工作，首先要让大家知道要做什么，即要有明确的目标（走向哪个村庄）；其次要指明行动的路线，这条路线应该是清楚的（如路标），也就是要提出实现目标的可行途径，即计划方案。

4.5.2　案例分析2：10分钟提高效率

美国某钢铁公司总裁舒瓦普向一位效率专家利请教："如何更好地执行计划的方法？"利声称可以给舒瓦普一样东西，在10分钟内能把他公司业绩提高50%。接着，利递给舒瓦普一张白纸，说："请在这张纸上写下你明天要做的6件最重要的事。"舒瓦普用了约5分钟时间写完。利接着说："现在用数字标明每件事情对于你和公司的重要性次序。"舒瓦普又花了约5分钟做完。利说："好了，现在这张纸就是我要给你的。明天早上第一件事是把纸条拿出来，做第一项最重要的。不看其他的，只做第一项，直到完成为止。然后用同样的办法对待第2项、第3项……直到下班为止。即使只做完一件事，那也不要紧，因为你总在做最重要的事。你可以试着每天这样做，直到你相信这个方法有价值时，请将你认为的价值给我寄支票。"

一个月后，舒瓦普给利寄去一张2.5万美元的支票，并在他的员工中普及这种方法。

5年后，当年这个不为人知的小钢铁公司成为世界最大的钢铁公司之一。

【关键词】

计划；计划的重要性；制定计划的原则

【知识点链接】

计划是管理的首要职能，是一切工作的基础。人们常把计划比喻成管理的宪法，可见计划的重要性。计划工作，实际上就是事先决定做什么、如何做以及由谁去做的问题。制订计划应遵循重点、统筹、连锁、发展、便于控制和经济原则。

【问题和答案要点】

1. 为什么总裁舒瓦普有计划却难以执行？效率专家利的方法的关键在哪里？

计划工作的内容不仅要制定目标，还包括原因、人员、时间、地点、手段等。总裁舒瓦普没有列出执行计划的具体时间、地点等，当然难以执行，而效率专家利恰恰抓住了这些关键，即即时、即地要实现的目标是什么，马上完成这些紧急计划。

2. 效率专家利认为"即使只做完一件事，那也不要紧，因为你总在做最重要的事"。你认为制订计划光是做最重要的事够吗？

效率专家利的做法说明制订计划应遵循重点原则，切忌眉毛胡子一把抓，否则难以有效地制订、执行计划。除重点原则外，我们在制订计划时还应遵循统筹、连锁、发展、便于控制和经济原则。如果一味地强调重要性，就一直盯着做，而事实上难以完成或荒废了太多时间与精力，则得不偿失。

3. 效率专家利执行计划的方法使这个不为人知的小钢铁公司成为世界最大的钢铁公司之一。为什么计划能有这么大的作用？

计划作为管理的首要职能，是组织实施的纲要，为控制提供标准，领导在计划实施中确保计划取得成功。计划的作用主要表现在：弥补不肯定性和变化带来的问题；有利于管理人员把注意力集中于目标；有利于提高组织的工作效率；有利于有效地进行控制。

资料来源：余敬，刁凤琴．管理学案例精析．北京：中国地质大学出版社，2006。

4.5.3 案例分析3：华为公司的危机感

华为技术有限公司成立于1988年，是由员工持股的高科技民营企业。从事通信网络技术与产品的研究、开发、生产与销售，专门为电信运营商提供光网络、固定网、移动网和增值业务领域的网络解决方案，是中国电信市场的主要供应商之一，并已成功进入全球电信市场。2001年，华为的营业收入达到162亿元，2002年销售收入达到221亿元人民币，2003年，华为的销售额为317亿元人民币，其中海外销售额为10.5亿美元，2004年实现全球销售额462亿元人民币，海外销售额22.8亿美元，目前有员工22 000多人。2004年，华为的业务范围覆盖了90多个国家和地区的300多家运营商，不仅在发展中国家市场大步前进，在发达国家市场也有实质性的突破。在世界电信运营商前50强中，华为已经进入22个，除中国电信、中国移动、中国网通、中国联通等主流运营商以外还进入了英国电信（BT）、西班牙电信（Telefonica）、新加坡电信、泰国的AIS、南部非洲的MTN、巴西的TELEMAR等世界著名的运营商；在欧美发达国家，华为已经进入14个，包括德国、法国、英国、西班牙、葡萄牙、美国和加拿大等。

【问题】

华为应该如何制订计划防范风险的发生？华为的组织结构是怎样的？

4.5.4 案例分析4：独生子女一代

独生子女的一代既是中国的一个特色产物，又是一个与世界各国同龄人几乎相同的群体。因为他们成长在冷战结束以后，世界的消费潮流基本趋向大同的年代。如你可以在美国的纽约、法国的巴黎、日本的东京、中国的上海看到几乎同样装束的年轻的女孩子：她们的头发漂染过几绺，上衣是露肚脐装，牛仔裤上面总有几个破洞，当然身上还有很多其他的饰物。她们更加追求自我，更喜欢标新立异地扮酷。

如今正成长起来的独生子女的一代，其消费观念与国外的新新人类一代有许多相同点，所以可以把他们看成是同一类型的人群。如他们只饮用包装水，只租房不买房，只打的不买车，整夜上网而不会为了自己的健康牺牲嗜好，总是改不了丢三落四的毛病，曾经恋爱很多次，但从不会爱得死去活来，……

【关键词】

市场细分；独生子女

【知识链接】

人口细分就是企业按照人口变量（包括年龄、性别、收入、职业、教育水平、家庭规模、家庭生命周期阶段、宗教、种族、国籍等）来细分消费者市场。

心理细分，就是按照消费者的生活方式、个性等心理变量来细分市场。消费者的欲望、需要和购买行为，不仅受人口变量影响，而且受心理变量影响，所以还要进行心理细分。

行为细分，就是企业按照消费者购买或使用某种产品的时机、消费者所追求的利益、使用者情况、消费者对某种产品的使用率、消费者对品牌（或商店）的忠诚度、消费者待购阶段和消费者对产品等行为变量来细分消费者市场。

地理细分就是根据区域、地形、气候、城镇规模、交通运输条件、人口密度等因素来细分消费者市场。

【问题】

根据独生子女的特点，应该采用什么标准进行市场细分？

4.5.5 案例分析5：飞翔之梦

一百多年前，一位穷苦的牧羊人带着两个幼小的儿子以替别人放羊为生。

有一天，他们赶着羊来到一个山坡上，一群大雁鸣叫着从他们头顶飞过，并很快消失在远方。

牧羊人的小儿子问父亲："大雁要往哪里飞？"

牧羊人说："它们要去一个温暖的地方，在那里安家，度过寒冷的冬天。"

大儿子眨着眼睛羡慕地说："要是我也能像大雁那样飞起来就好了。"小儿子也说："要是能做一只会飞的大雁该多好啊！"

牧羊人沉默了一会儿，然后对两个儿子说："只要你们想，你们也能飞起来。"

两个儿子试了试，都没能飞起来，他们用怀疑的眼神看着父亲，牧羊人说："让我飞给你们看。"于是他张开双臂，但也没能飞起来。可是，牧羊人肯定地说："我因为年纪大了才飞不起来，你们还小，只要不断努力，将来就一定能飞起来，去想去的地方。"

两个儿子牢牢记住了父亲的话，并一直努力着，等他们长大——哥哥36岁，弟弟32岁时——他们果然飞起来了，因为他们发明了飞机。这两个人就是美国的莱特兄弟。

【关键词】

目标；目标管理

【知识链接】

目标管理：让组织的主管人员和员工共同参与目标制定，在工作中实现"自我控制"并努力完成工作目标的一种管理制度或方法，是由美国管理学家彼得·德鲁克1954年提出的。

其基本思想是：

企业的任务必须转化为目标，企业管理人员要通过这些目标对下级进行领导，并以此来保证企业总目标的实现；

目标管理是一种程序，使一个组织中的上下各级管理人员统一起来制定共同的目标，确定彼此的责任，并将此项责任作为指导业务和衡量各自贡献的准则；

每个企业管理人员或工人的分目标就是企业总目标对他的要求，同时也是这个企业管理人员或工人对企业总目标的贡献；

管理人员和工人是依据设定的目标进行自我管理，他们以所要达到的目标为依据，进行自我指挥、自我控制，而不是由他的上级来指挥和控制；

企业管理人员对下级进行考核和奖惩也是依据这些分目标。

【问题】

该案例有什么启示？

4.5.6　案例分析6：跟踪调查

美国耶鲁大学进行过一次跨度20年的跟踪调查。

最早，这个大学的研究人员对参加调查的学生们提了一个问题：“你们有目标吗?”90%的学生回答说有。

研究人员又问：“如果你们有了目标，那么，是否把它写下来呢?”这时，只有4%的学生回答说：“写下来了。”

20年后，耶鲁大学的研究人员跟踪当年参加调查的学生们。结果发现，那些有目标并且用白纸黑字写下来的学生，无论是事业发展还是生活水平，都远远超过了另外的没有这样做的学生。他们创造的价值超过余下的96%的学生的总和。

那么，那96%的学生今天在干什么呢？研究人员调查发现：这些人忙忙碌碌，一辈子都在直接或间接地帮助那4%的人实现他们的理想呢。

【问题】

案例启示在哪里?

4.5.7　案例分析7：班级案例

某班组班长以提高班组整体工作能力为目标，制订出一系列的计划，并开始按照计划严格执行。执行过程中并未向班组成员讲述计划的内容及预期达到的目标。班组成员不解，常常向班长抱怨：“不需要这样做吧，其他班不这样做都挺好的，为什么就咱们班不同呀?”班长认为本班组所要达到的目标不同于其他班组，立刻否决：“那是因为每个班的情况不同。”随着执行力度的深入，执行过程中常常出现问题，结果成效不明显，且员工认为班组长的想法跟自己格格不入，无法理解。

【关键词】

目标；计划；目标管理

【知识链接】

名词意义上的计划是指用文字和指标等形式所表述的，在未来一定时期内组织以及组织内不同部门和不同成员，关于行动方向、内容和方式安排的管理文件；动词意义上的计划是指为了实现决策所确定的目标，预先进行的行动安排。

目标管理是让组织的主管人员和员工共同参与目标制定，在工作中实现“自我控制”，并努力完成工作目标的一种管理制度或方法。

【问题和答案要点】

为什么班组长在计划执行过程中费力且未达到预定目标，反而造成组员的不解甚至反感呢?

1. 首先班组必须要有一个目标，以结果为导向建立目标。

2. 有了目标之后，再制订实施计划。计划的制订，要得到执行者的高度认同，即让其参与计划制订。

3. 计划是否可行，且要不断分步达成。

4. 在计划实施中，要不断总结经验，改善实施。

5. 班组长在计划执行中，作为协调角色，一个观察者，帮助班组成员提高执行能力；总结经验，改进方法，让目标看得见；提升自我能力。

4.6 管理游戏

4.6.1 管理游戏1：目标管理

背景：我们生存的地球即将毁灭，你肩负着重塑人类的使命，从下面十三人中选出六名乘宇宙飞船去避难，只能选六个人，请大家选择：（1）小学教师；（2）小学教师怀孕的妻子；（3）警察；（4）法官；（5）律师；（6）男高音歌唱家；（7）女高音歌唱家；（8）老年僧侣；（9）十三岁少女；（10）健美运动员；（11）宇航员；（12）患重病的飞船发明人；（13）医生。

要求：

（1）每个小组用10分钟的时间讨论，形成统一意见；

（2）用3分钟的时间准备，由每个小组派一个队员上台，说明选择的思路和理由。

【参考意见】

（1）宇航员——开飞船。

（2）患重病的飞船发明人——核心技术。

（3）医生——治病；新生。

（4）小学教师——人伦；繁衍；教育。

（5）小学教师怀孕的妻子——抚养；繁衍。

（6）法官——法制；秩序。

4.6.2 管理游戏2：我的目标

游戏目的：

（1）引导学生树立目标，并体验目标追求中的热切愿望与紧张心理；

（2）鼓励学生尽力拼搏追寻目标，尽力而为，并引导学生认识到设定的目标可以执着追寻，也可以改变；

（3）引导学生认识到，目标的追求过程中需要协作。

游戏人员：14人一组（把参加的人员分两组）。

游戏场地：空旷的教室或室外。

游戏道具：学生每人准备好一件心爱的物品（不能有尖锐的物品）。

规则与程序：

(1) 所有组员将自己准备好的心爱物品，提前放在室内的任意地方。当所有成员的宝贝都放好以后，每个人可以在其中任意选择一个作为自己的“目标”，但是不要告诉任何人。

(2) 所有成员手拉手围成一个圈在室内随意走动。

(3) 一定时间后，导师喊“停”，组员停下来，每个组员尽量用自己身体的任何部位去够自己的“目标”，条件是不能与两边的人松手，即全组成员仍然要保持刚才的牵手状态。

(4) 导师喊“开始”，够到自己“目标”的成员，务必要占领自己“目标”所在的地盘，不能轻易走动。

(5) 没有达到自己“目标”的人，要继续想办法尽量达到自己的“目标”，但是仍然不能松手，仍然不能说话。

活动讨论：

(1) 你是否实现了自己的“目标”？

(2) 你选择的“目标”是你当初自己放置的心爱的物品吗？

(3) 你在中途有没有更换过“目标”？

(4) 你在“目标”实现的过程中，有什么感受或体会？

资料来源：ue3vu3cttoaieii3wsx6zp3w_1.

4.6.3 管理游戏3：计划重要性

交通阻塞团队游戏通过有效的准备、计划和业务员的共同努力达到最终目的，使员工认识到目标计划很重要。

游戏时间：40分钟。

游戏道具：比参加人数多一个塑胶地垫。

游戏细则：

(1) 将塑胶地垫呈一字形在地上铺开，让业务员全部站在地垫上，留中间一个地垫不站人。

(2) 业务员分成两边相对而站，通过中间的空格进行移动。

(3) 移动的方式是只能前进一格或跳一格，不能后退。

(4) 完成两边人的互换，并且大家维持同一个方向。

游戏规则：

(1) 业务员只能前进不能后退，只要有人后退就要重来。

(2) 当有人知道答案时，我们要每个人都知道答案。

相关讨论：

(1) 游戏刚开始时你的思路与最后的实践是否一致，为什么？

(2) 如何使你的团队目标和行为达成一致？

方法：把队员分为2组，1组的队员看成字母A，2组看成字母B，解法就是A动一下，B动两下，A动三下，以此类推，直到为ABABAB队形位置才停下。

资料来源：http：//www. 52tuandui. com/youxi/277. html.

4.6.4 管理游戏4：垫球

游戏目的：

让组员了解目标管理的重要性；提升组员进行目标管理的能力。

游戏内容：

①游戏人数：不限，人数较多时，需要将组员划分成若干个由8～16人组成的小组。

②游戏时间：15～20分钟。

③游戏场地：比较大的游戏场地。

④游戏用具：1个大塑料气球。

游戏步骤：

①让组员们站成一圈。

②告诉组员们他们将要一起挑战一项世界纪录。

③告诉组员们他们的任务是让球在空中停留2分16秒，在这段时间内，垫球次数不得少于136次。任何人不得抓住球不放，大家必须通过不停地垫球，使球不至于落地。另外，不允许连续垫球，也就是说，接到球的人必须把球传给另一个人。

④如果组员们可以很轻松地实现目标，那么培训师就需要提高难度了。可以通过一个小花招，不着痕迹地提高难度。比如培训师可以这样对大家说："抱歉，我刚才读错了，这项世界纪录是这样的……"。或者说："刚刚接到通知，今天早些时候有人刷新了这项世界纪录，新的纪录是……"

游戏感悟：

你是否能够达到自己设定的目标？你有突破纪录的目标打算吗？

让梦想变成现实的最好办法就是制定相应的目标和计划，并努力去实现它。

我们不缺乏目标，缺乏的是将目标变成相应计划和坚定执行的能力。

第 5 章　组织结构与设计

5.1　小组展示主要内容

本次实训主要围绕组织结构与设计的基本原理和重点内容而进行，具体内容如下：

（1）组织与组织设计；

（2）组织的部门化；

（3）组织的层级化。

5.2　团队训练

5.2.1　团队训练1：同心竹

项目介绍：所有的学生，并列排成两列，每位学生伸出食指同时托着一根竹竿，每位学生手指不能离开竹竿，并按照教师的指令将竹杆放到地面上。

项目目的：锻炼团队协作精神，培养默契精神。

5.2.2　团队训练2：盲人摸号

项目介绍：所有队员不能发出文字语言的符号，每名队员找到自己的团队，并根据相应的号码按从大到小的顺序排列出来，此过程也不能发出文字语言的符号。所有队员不能通过视觉来观察外部活动进展情况。项目完成后，共同发出一种信号给教师作为表示。必须在规定的时间内完成。

项目目的：培养团队协作精神，加深对团队的理解。

5.2.3　团队训练3：展示组织结构图

材料：每个学习小组应该有足够的幻灯片或挂纸来展示一些组织结构图。

说明：每个小组讨论所列举的场景，场景一如下所示。教师将协助讨论并通知各组何时开始下一步。这个练习和任务报告需要约90分钟。

第一步：学生分组（一般每组4～5人）。

第二步：读完如下所示的场景一之后，每个小组将设计一个最适合这种情况的组织结构（部门化）。学生应该能够描述所绘的结构类型，并解释为什么它是合适的。这个结构应该画在一张幻灯片或挂纸上，以便于别人在接下来的课堂讨论中观看。教师将限定一个固定时间来完成这些任务。

场景一：在决定再也不铲雪之后，你在一个加勒比海小岛上建立一个新的度假营。度假营正在建设，计划一年之后开张。

第三步：学生总结，老师点评。

资料来源：https：//m. doc88. com/p－9292615599255. html.

5.2.4 团队训练4：谁来处理这批货

王明是某物流公司仓库的业务经理，该仓库每天要处理众多的配送供应业务，在一般情况下，登记订单、按单备货、发送货物等都由仓库管理员承担，但在不久前，接连发生了多起错发货物的事件，把应发给 M 的货物发给了 N，N 要的货物却发给了 M，引起了客户极大的不满，明天又将有一大批货要发送，王明不想让这种事情再次发生。

【问题】

请各个团队讨论并决定：王明应该亲自核对这批货，还是仍由仓库管理员处理，给出你们的理由，并与其他团队成员分享你们的观点。

【启示】

一个人在组织中做什么，取决于其角色定位。王明是业务经理，是管理者。

管理者是在组织中指挥他人开展工作的人，因此在一般情况下，具体业务均由仓库管理员来做。

组织中出现任何问题，问题出在下属身上，但根子在管理者身上。寻找问题的原因应从管理者是否很好地履行了其管理职能入手。

管理者的最终任务是保证组织目标的实现，在紧急情况下，管理者必须采取一切手段以保证组织目标的实现。

5.2.5 团队训练5：淘宝上的网店

2010年淘宝的交易额高达4000亿元人民币，这是一个让人惊叹的数字，网购的巨大市场无疑会吸引更多人在淘宝上开店。假设你和你的伙伴决定要在淘宝上开店，主要销售衣服。在网店的初始投入中，你们每个人投资2000元，并向银行贷款3万元。你们团队之前没有管理的经验。现在你们面临着如何去设计网店的结构和分配角色的任务。

问题1：如何设计组织内部层级结构和部门结构？

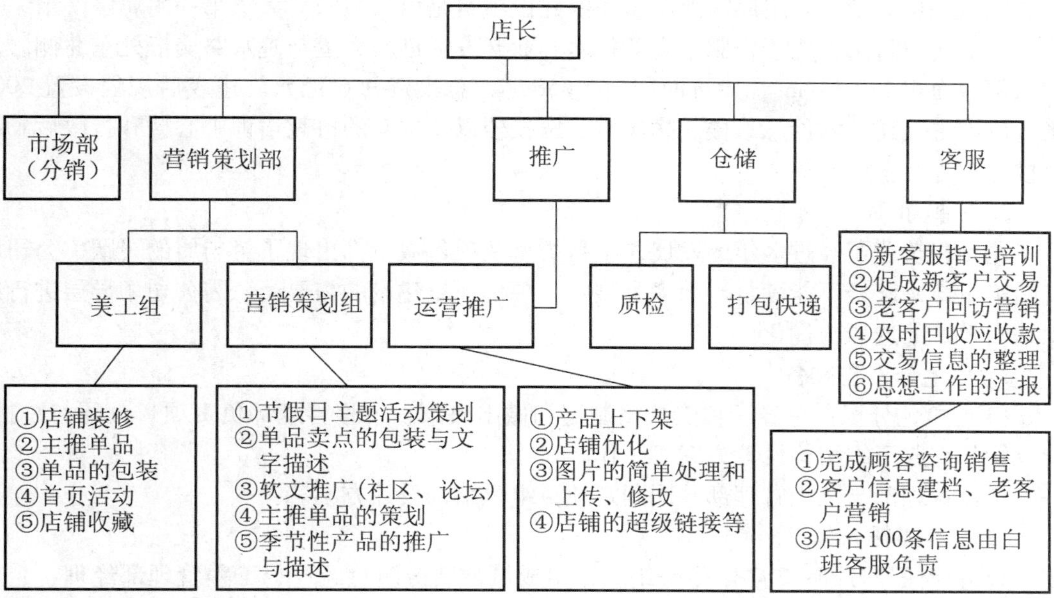

问题2：你们会选择哪一种组织结构形态？（以6～8人为一个小组，制作一个PPT，并在课堂上演示。）

扁平型组织结构。因为网店的人手比较少，选择扁平型组织结构会提高工作效率和有利于信息传递，防止信息失真。同时，上级主管对下级的控制也不会太呆板，有利于发挥下级的积极性和创造性。

5.3　管理情景模拟

5.3.1　管理情景模拟1

1. 工程案例背景资料

（1）企业背景资料（以龙元建设集团为企业原型，要求学生课前进行背景资料的了解）龙元建设集团始创于1980年，前身为浙江象山二建集团股份有限公司，1984年进入上海建筑市场，1993年集团总部迁址上海，2004年4月首次发行股票上市。2009年5月8500万股股票增发成功。集团拥有房屋建筑工程总承包特级资质、建筑行业（建筑工程）甲级、市政公用工程总承包一级资质、机电安装工程总承包一级资质、地基与基础工程专业承包一级资质、建筑装修装饰工程专业承包一级资质和园林古建筑工程专业承包一级资质。同时，具有钢结构工程专业承包一级资质，钢结构、网架工程专项设计甲级资质以及建筑和装潢设计、工程咨询、建筑工程监理、房屋质量检测、抗震鉴定甲级资质，建筑幕墙施工壹级资质，建筑幕墙专项设计甲级资质的大型建筑企业。公司注册资本：947 600 000元，资产总额近百亿元。能独立承担工业、民用、市政、交通、水利及大体量、高标准、精装饰等各类复杂的建筑施工任务。

（2）医科大学附属医院建设项目概况。

安徽医科大学第一附属医院高新医院建设项目是由安徽医科大学第一附属医院组织兴建的，拟建项目选址位于合肥市高新技术产业开发区创新大道与皖水路交汇处东北侧。规划总用地面积133 334m^2，建筑面积267 658m^2，总投资9.6亿元。建成后规划设置2000张床位。主要建设门诊急诊楼、病房楼、医技楼以及配套的科教培训中心楼和行政后勤综合楼等。

2. 模拟事项

龙元建筑公司经过多年的发展，项目类型及项目数量都出现了量与质的飞跃，公司原有的组织结构已经不能满足当前多类型、大规模项目建设的需要，急需公司领导层进行组织结构模式的选择与优化。

3. 角色分工与准备

（1）角色分工：总经理负责战略制定和做出决策；工程管理部负责项目分配与总控，与企管部完成组织结构设计方案等工作。

企业管理部与工程管理部一同制定项目组织结构设计方案。

（2）具体任务分工。

分组与任务分配：3名学生一组。每组成员分别扮演总经理、工程管理部经理、企业管理部经理等角色。共同完成企业组织结构模式的选择与制定。

要求：每组同学提前熟悉企业资料、项目资料，以及本章涉及的组织结构基本类型、特点和使用范围。

4. 情景的模拟实施与自述

时间：1个学时；

地点：课堂现场；

实施：按照之前预定的角色分工开展工作，形成改进后的企业组织结构。

5. 评价环节

（1）总经理汇报各组成果，自评工作中的问题与建议。

（2）教师点评，提出建议。

资料来源：https：//wk.baidu.com/view/8938f5a4d5bbfd0a78567360？fromShare=1.

5.3.2 管理情景模拟2

一整天的公司高层例会结束后，D公司S总经理不禁陷入沉思。

例会由S总经理主持、几位副总经理参加。原本他就想商谈一下公司今后的发展方向问题，不过会上的意见争执却出乎自己的预料。很明显，几位高层领导在对公司所面临的主要问题和下一步如何发展的认识上，存在着明显的分歧。

6年来，D公司由初创时的几个人、1500万元资产、单一开发房地产的公司，发展到今天的1300余人、5.8亿元资产、以房地产业为主，集娱乐、餐饮、咨询、汽车维护、百货零售等业务于一体的多元化实业公司，已经成为本市乃至周边地区较有竞争实力和有知名度的企业。

作为公司创业以来一直担任主帅的S总经理在成功的喜悦与憧憬中，更多了一层隐忧。在今天的高层例会上，他在发言时也是这么讲的：“公司成立已经6年了，在过去的几年里，经过全体员工努力奋斗与拼搏，公司取得了很大的发展。现在回过头来看，过去的路子基本上是正确的。当然也应该承认，公司现在面临着许多新问题：一是企业规模较大，组织管理中管理信息沟通不及时，各部门协调不力；二是市场变化快，我们过去先入为主的优势已经逐渐消失，且主业、副业市场竞争都渐趋激烈；三是我们原本的战略发展定位是多元化，在坚持主业的同时，积极向外扩张，寻找新的发展空间，应该如何坚持这一定位?”面对新的形势，就公司未来的走向和目前的主要问题，会上各位高层领导都谈了自己的想法。

管理科班出身、主管公司经营与发展的L副总经理在会上说：“公司的成绩只能说明过去，面对新的局面必须有新的思路。公司成长到今天，人员在膨胀，组织层级过多，部门数量增加，这就在组织管理上出现了阻隔。例如，总公司下设5个分公司，即综合娱乐中心（下有戏水、餐饮、健身、保龄球、滑冰等项目）、房地产开发公司、装修公司、汽车维修公司和物业管理公司。各部门都自成体系，公司管理层次过多，如总公司有3级，各分公司又各有3级以上管理层，最为突出的是娱乐中心的高、中、低管理层次竟达7级，且专业管理机构存在重复设置现象。总公司有人力资源开发部，而下属公司也相应设置人力资源开发部，职能重叠，管理混乱。管理效率和人员效率低下，这从根本上导致了管理成本加大，组织效率下降，这是任何一个公司发展的大忌。从组织管理理论的角度看，一个企业发展到1000人左右，就应以制度管理代替‘人治’，我公司可以说正是处于这一管理制度变革的关口。我们公司业务种类多、市场面广、跨行业的管理具有复杂性和业务多元化的特点，现有的直线职能制组织结构已不能适应公司的发展，所以进行组织变革是必然的，问题在于我们应该构建一种什么样的组织机构以适应企业发展的需要。”

坐在S总经理旁边的是公司创立三元老之一的始终主管财务的大管家C副总经理，他考虑良久，非常有把握地说：“公司之所以有今天，靠的就是最早创业的几个人，他们不怕苦、不怕累、不怕丢了饭碗，有的是闯劲、拼劲。一句话，公司的这种敬业、拼搏精神是公司的立足之本。目前，我们公司的发展出现了一点问题，遇到了一些困难，这应该说是正常的，也是难免的。如何走出困境，关键是要强化内部管理，特别是财务管理。现在公司的财务管理比较混乱，各个分部独立核算后，都有了自己的账户，总公司可控制的资金越来越少。如果要进一步发展，首先必须做到财务管理上的集权，该收的权力总公司一定要收上来，这样才有利于公司通盘考虑，共图发展。”高层会议各领导的观点在公司的管理人员中间亦引起了争论，各部门和下属公司也产生了各自的打算：房地产开发部要求开展铝业装修，娱乐部想要租车间搞服装设计，物业管理部提出经营园林花卉的设想。甚至有人提出公司应介入制造业，成立自己的机电制造中心。

【模拟事项】

请根据以上信息，结合所学管理学组织结构的基本知识，为该公司设计一套合适的组织机构，并画出相应的组织机构图，同时制订一个该公司的发展计划。

资料来源：http：//ishare. iask. sina. com. cn/f/35gqKF72JGZ. html.

5.4 管理辩论

5.4.1 管理辩论1：组织结构的形式决定组织在管理中的作用

实训目的：了解掌握组织理论的基本内容，培养学生重视组织工作程序，学会运用组织管理。

实训内容：

（1）论述组织基本理论的应用。

（2）论述组织设计方法的应用。

（3）论述组织结构分类与形式的作用。

（4）论述组织运行形式与管理中的作用与地位，探讨如何提高组织管理能力。

方法与要领：

（1）分正方与反方两组（每组5人），或若干小组组合辩论。

（2）正方与反方相互提出观点进行论述与反驳。贯穿学习内容、要点进行辩论。

（3）正反双方在辩论中，既要回答对方的提问，也要向对方提出疑难问题，要求答辩。

（4）正、反双方举例鲜明生动，辩论内容形成书面辩论资料，呈报老师或评委。

成绩测评：由教师、班干部（一般由学习委员、班长或团支书组成）或邀请企业领导者组成评定组评判辩论结果。

资料来源：https：//m. doc88. com/p－9542753462489. html.

5.4.2 管理辩论2：宽松式管理对大学生利弊分析

【辩论目的】

了解新时代对学生的管理模式以及什么是宽松式管理。

【知识链接】

宽松式管理是一种适度管理的管理模式，它的管理目标是营造一个和谐、健康的社会气氛。宽松式管理的优势则在于从根本上扭转了过去管理的思想。“宽松式管理”是相对于传统管理严格而生的。

【辩论评论】

宽松式管理有利于避免传统的大多数管理危机，但在某些特殊情况下必须进行严格管理，毕竟当代大学生有思想，有自己的看法，但却又沉迷于网络游戏而荒废学业。

5.5 案例分析

5.5.1 案例分析1：阿柴折箭寓义

吐谷浑阿柴有子二十人，及老，临终谓诸子各献一箭。取一箭授其弟慕利延，使折之。利延折之，易折；又取十九支箭使折之，利延不能折，众则难摧。

阿柴喻之曰："汝曹知否？单者易折，众则难摧，戮力同心，社稷可固。"言毕而卒。

【关键词】

团结；组织

【问题和答案要点】

案例启示在哪里？

本案例主要体现了团结就是力量和团结力量大等思想，说明一个组织要团结，在组织中要有大局观，有集体意识。

5.5.2 案例分析2：A公司的组织结构设计

公司的总经理已60岁，由于体力和精力不足，深感力不从心，公司现行情况如下：直接对总经理负责的是一位经理助理，40岁，具有丰富的经验和能力，主要负责市场研究工作；对总经理负责的还有财务主任、销售副总经理、采购主任、生产副总经理、总工程师和工厂经理。财务主任是会计师，直接对他负责的是一位办公室主任，后者不仅负责办公室业务而且兼营财务科工作，工作头绪多，有时难免忙中出乱。销售副总经理负责销售业务，虽已有一位销售经理对他负责，但实际上他亲自指挥着每个销售人员工作，销售经理大部分时间处理代销商送来的文稿，订货部主任也向销售副总经理报告工作。采购主任手下有两个采购员和一个办事员，过去对生产副总经理负责，由于总经理想严格控制成本转而向总经理负责。生产副总经理是总经理的亲戚，目前唯一向他报告的是生产计划部门的负责人。总工程师担负着公司主要产品的设计工作，业务能力强，直接领导设计科长、主任工程师和实验室主任。工厂经理年迈多病，不在岗，他手下有：人事主任、维修工长、工具间工长，工厂的工作人员目前直接向经理助理报告工作，再由其以书面报告形式向工厂经理汇报工作，向经理助理汇报工作的有机械加工工长、质量控制科长、装配工长、货物收发工长和实验车间主任，实验车间主要从事总工程师指派的科研项目的试制。

【关键词】

组织；组织结构

【知识链接】

组织是两个以上的人在一起为实现某个共同目标而协同行动的集合体。

组织结构指组织的基本架构，是对完成组织目标的人员、工作、技术和信息所作的制度性安排，其特性包括复杂性、规范性和集权性。

【问题和答案要点】

1. 该公司在组织结构方面主要存在的问题？

首先是权力分配不均，总经理、财务主任、销售副总等中高层管理者的职责偏多，而生产副总经理的职责明显偏少。其次，部门定位不清，职能存在交叉、错位、缺失，机械加工工长、质量控制科长等人应当向生产副总经理汇报工作，而不是经理助理，同时工厂经理由于常生病、不在岗等原因，实际上已造成缺位。

2. 试对其组织结构进行重新设计。

适当调整权力分配格局，当然会触及部门间及同事间的利益，会受到极大的排斥。应用渐变变革理论，可逐渐调整部门间的职能分配，不至于在短期内产生巨大的变革阻碍。

变革中总经理要适当地运用权力，大力支持变革，保证变革的推进。

具体方案为：建议经理放权，仅由财务主任、销售副总和生产副总对总经理负责；而采购主任改为向财务主任负责（充分信任财务主任控制成本的能力）、总工程师和工厂经理改为向生产副总汇报工作；销售副总负责销售业务，而生产人员的指挥工作可放权给销售经理，销售副总指导销售经理即可。办公室主任仍向财务主任负责，同时他兼管较多的财务工作可聘用一个助理来协助完成。而生产副总与总经理的亲戚关系不应过多地考虑，只需考核工作绩效和能力，胜任则可留用。工厂经理的人选应当改选胜任者来接替。

5.5.3 案例分析3：王厂长的改革

王厂长总结自己多年的管理实践，提出在改革工厂的管理机构中必须贯彻统一指挥原则，主张建立执行参谋系统。

他认为，一个人只有一个婆婆，即全厂的每个人都只有一个人对他的命令是有效的，其他的是无效的。如书记有什么事只能找厂长，不能找副厂长。下面的科长只能听从一个副厂长的指令，其他副厂长的指令对他是不起作用的。原来工厂有13个厂级领导，如果每个厂级领导的命令都要求下边执行就令人吃不消了。比如：

一次有个中层干部开会时在桌子上放一个本子、一支笔就走了，散会也没回来。事后，问他搞什么名堂，他说有三个地方要他开会，这里热，所以就放一个本子，以便应付另外的会。

此事不能怨中层领导，只能怨厂级领导。后来规定，同一个时间只能开一个会，并且事先要把报告交到党委和厂长办公室统一安排。

上下级领导界限要分明。副厂长是我的下级，我做出的决定他们必须服从。副厂长和科长之间也应如此。厂长对党委负责，我要向党委打报告，把计划、预算决算弄好后，经批准就按此执行。所以我跟党委书记有时一周也不见一面，跟副厂长一周见一次也是正常的。

我们规定，报忧不报喜，工厂一切正常就不用汇报，有问题来找我，没问题各忙各的事。

王厂长认为，一个人的管理能力是有限的，所以规定领导人的直接下级只有5～6个人。厂长多一点，有9个人（4个副厂长，2个顾问，3个科长）。这9个人我可以直接布置工作，有事可直接找我，除此以外，任何人不准找我，找我也一律不接待。

【问题】

案例的启示是什么？

5.5.4 案例分析4：新领导对于组织结构的重新设计

某化工集团公司副总经理张世强负责公司的研究开发工作，他建立了正规的研究机构，有五个管理层次，他手下有研究部主任、行政管理部主任和专利注册部经理三人。研究部下设基础研究和应用开发两个部门，这两个部门各有五个研究领域：物理、有机合成、化学工艺、反应装置和分解学，每个领域的科长手下有两、三个具体抓课题的组长。在整个研发过程中，张世强复审所有项目，然后拨款放权，让这些项目进入下一个阶段。在这种管理方式下，研究工作很有成效，获得了上千项专利。

但是，近几年来，本行业其他一些公司在竞争中常有惊人之举，他们的研究队伍能够很快在技术上有新的改进，并且能够快速投入生产开发。当张世强退休时，公司任命一位新的副总经理负责研究工作，授权他重新组织研究队伍，以便从整体上对环境作出快速反应，使研发工作更见成效。

【问题】

这位新上任的副总经理应该采取哪些基本措施改进组织结构、提高工作效率呢？

5.5.5 案例分析5：乱套的培训

有一家典型的制造业企业，其拥有5间工厂。工厂在扩大规模的时候招了很多新工人，并安排新工人与老工人一起工作。在工作过程中，工厂的主管们发现了一些问题。这些新工人尽管经过了入职的培训，但是工作还是令人不太满意，效率不太高。于是很多主管同时向上司反映。5个工厂有很多主管，主管都提出希望对一些下属继续做培训，主管向股长反映，股长又向科长反映，科长又向部长反映。生产部一共有5个部，生产一部的部长得到这样的培训需求的时候，层层签字后，他把这个信息传递给人力资源行政部部长，人力资源行政部部长又把信息发给培训科长，培训科长又把相关的信息传到基层培训的股长，这样基层培训股长收到了很多信息。5大工厂，每一个工厂的科长、部长们都签了字，结果反而使培训股长不知所以了。

【问题和答案要点】

案例启示是什么？

在这个例子中我们可以看到，采用直线职能式的组织结构对于职能部门较多而职能部门之间的横向联系较差的企业，非常容易产生脱节和效率低下的现象。

5.5.6 案例分析6：张明的饭馆

张明在一临街地段开了一个小饭馆开始创业，创业之初张明雇了三个人做帮手（厨师、服务员）。张明分配三个人工作，甲做厨师、乙、丙做服务员兼采购员，张明机动。生意开始运转起来，并且效益很好。

一年后，张明扩大了饭馆的规模，又新增了三个人。这时店主张明面前出现了新的问题——如何调度的问题。

过去张明是通过直接命令的方式管理，但现在他发现当他在店里时什么事情都没有，但当他一离开，工作就会发生混乱。这时张明开始思考这样一个问题：能不能找出一套框架或规则，即使他不在场，工作也能顺利进行？

【关键词】

组织结构设计；组织结构

【知识链接】

组织设计就是对组织的结构和活动进行创构、变革和再设计，组织设计的目的包含通过创构柔性灵活的组织，动态地反映外在环境变化的要求；能够在组织演化成长的过程中，有效积聚新的组织资源；同时协调好组织中部门与部门之间、人员与任务之间的关系，使员工明确自己在组织中应有的权力和应担负的责任；有效地保证组织活动的开展，最终保证组织目标的实现。

【问题和答案要点】

设计一套框架或规则，即使领导不在场，工作也能顺利进行。

组织结构的设计应该明确谁去做什么，谁要对什么结果负责，并且消除由于分工含糊不清造成的执行中的障碍，还要提供能反映和支持企业目标的决策和沟通网络。为了达到组织设计的理想效果，组织设计者需要完成职能及职务的分析与设计和部门设计。

5.5.7 案例分析7：汤厂长的烦恼

某民营玩具生产企业的产品主要销往国际市场，伴随着我国对外开放政策的实施，其市场不断扩大，销售额和出口额以年均20%的速度增长，企业的生产经营规模也在不断扩大，员工由最初不足200人增加到目前近2000人。与生产经营规模不断发展不同的是，该企业的组织结构没有做任何调整，仍然沿用最初建立时的类似直线型的组织结构，汤厂长是绝对的领导，对企业的生产、销售、财务和人事等各项工作全面负责，且在许多具体问题上亲力亲为。但是，最近一段时间，企业遇到了一些事情，让汤厂长应接不暇。

首先，玩具生产是按合同定单执行，生产指令由厂长向各部门、各车间下达，遇到定单紧急的情况，往往是厂长带头，全体员工加班加点赶任务。这种赶任务、赶工期的现象，难免会出差错，个别情况下，玩具质量不达标，产品被客户退回，严重的甚至赔款。第二，伴随着企业规模的扩大和业务量的增加，企业急需招聘专业的管理人员和技术人员，并且需要对新系统进行培训。而以往的人员招聘、培训方式也需要做相应的调整。第三，企业的后勤管理没有专门的机构及人员，传统的做法是厂长临时派人去做，现在事情多了，头绪多了，传统做法落后了。凡此种种，以前运行良好的组织机构、管理方法等都失去了作用。面对现状，汤厂长时常有力不从心的感觉，他也在不断思考应该如何解决现有的问题，以便能更好地适应企业不断发展的需要。

【关键词】

直线制组织结构；直线职能制组织结构

【知识链接】

直线制是指组织没有职能机构，从最高管理层到最基层，实行直线垂直领导。具有沟通迅速、指挥统一、责任明确等优点，其缺点是管理者负担过重、难以胜任复杂职能，适用于小型组织。

直线职能制是指在组织内部，既设置纵向的直线指挥系统，又设置横向的职能管理系统，以直线指挥系统为主体建立的两维的管理组织。该组织结构既保证组织的统一指挥，又加强了专业化管理，但存在直线人员与参谋人员关系难协调的问题，目前绝大多数组织均采用这种组织模式。这种组织模式比较适合中小型组织。

【问题和答案要点】

1. 该企业目前采用的是何种组织结构？这种组织结构有何特点？

根据案例给出信息，可以看出该玩具生产企业采用的是直线制组织结构形式。直线制是指组织没有职能机构，从最高管理层到最基层，实行直线垂直领导。

这种组织结构沟通迅速、指挥统一、责任明确，但管理者负担过重，难以胜任复杂职能。

这种组织结构形式一般适用于那些没有必要按职能实现专业化管理的小型组织，或应用于现场作业管理。

2. 你认为现有的组织结构能否支持企业的发展？企业的组织结构应做哪些调整？

企业现有的组织结构不能支持企业未来发展的需要：

①企业所处的外部环境发生了变化。

②企业的生产规模有较大的发展。

③企业的人员也发生了变化。

④现有组织结构的弊端越来越显现。

建议进行组织结构变革，由直线制转变为直线职能制。

①直线职能制的特点：按照组织职能来划分部门和设置机构，既保证组织的统一指挥，又加强了专业化管理。

②直线职能制的适应范围：适用中、小型组织。

5.5.8 案例分析8：东信公司的组织结构

东信公司最近几年在总裁周聪的带领下发展迅速。然而同时，一向运行良好的组织结构开始阻碍了公司的发展。公司原先是根据产能来设计组织结构的，职能部门包括财务、营销、生产、人事、采购研究与开发等。随着公司的壮大，产品已经从单一的电视机扩展到冰箱、洗衣机、热水器、空调等诸多电器，旧结构已经无法适应产品的多样性，职能部门之间矛盾重重，主要决策均需要周聪亲自作出。

于是，周聪决定，根据产品种类将公司分成九个独立经营的分公司，每一分公司经理对各自经营的产品负有完全责任，只要能盈利，总部就不再干涉分公司的具体运作。但是公司重组后，周聪感觉到很难再对每个分公司实行充分的控制，各分公司经理常常不顾总公司的政策，各自为政，而且分公司之间在采购、人事等职能方面也出现了许多交叉重叠。周聪认识到他在分权方面有些过分，下令收回分公司经理的一些职权，并强调了总裁对以下事项具有最终决策权：（1）超过十万元的支出；（2）新产品的研究与开发；（3）营销战略的制定；（4）重要人员的任命。集权被收回后，分公司经理纷纷抱怨，有人递上了辞呈。周聪当然明白，这一举措极大地挫伤了分公司经理的积极性，但他也没有更好的办法。

【关键词】

事业部制组织结构

【知识链接】

事业部制组织结构是指在直线职能制框架的基础上，设置独立核算、自主经营的事业部，在总公司领导下，统一政策，分散经营，是一种分权化体制。划分事业部的标志：主要按产品、项目，或地域划分事业部。该组织结构有利于发挥事业部积极性、主动性，更好地适应市场；有利于公司高层集中思考战略问题；有利于培养综合管理人员。但也有指挥不灵、机构重叠、对管理者要求高等缺点。主要适用于面对多个不同市场大规模组织。

【问题和答案要点】

1. 东信公司重组前后的组织结构各属于什么类型？

东信公司在重组前是按职能来设计组织结构的，而主要决策均需要总裁亲自做决定，因此，当时的组织结构是直线职能制结构。重组后，周聪决定根据产品种类将公司分成九个独立经营的分公司，每一分公司经理对各自经营的产品负有完全责任，所以重组后的组织结构为事业部制组织结构。

2. 两种组织结构各有什么样的优缺点？

直线职能制

优点：既保证组织的统一指挥，又加强了专业化管理。

缺点：直线人员与参谋人员关系难协调。

事业部制

优点：有利于发挥事业部积极性、主动性，更好地适应市场；公司高层集中思考战略问题；有利于培养综合管理人员。

缺点：存在分权带来的不足：指挥不灵，机构重叠；对管理者要求高。

3. 总裁在两次职权划分时，有什么样的失误？

第一次划分权力时，东信公司中每一个分公司经理对各自经营的产品负有完全责任，只要能盈利，总部就不再干涉分公司的具体运作。从分权的四个原则看，分权的程度极高，没有考虑总公司的稳定性与分公司的灵活性相结合的原则，也没有考虑到总公司与分公司之间的目标统一性原则和分工协作原则，导致了分公司之间的各自为政，而总公司无法控制的局面。

第二次划分权力时，强调了总裁对案例中的四项事项具有最终决策权。从分权程度的四个标志来看，职权划分后集权程度过高，没有充分考虑集权与分权相结合的原则，给予分公司的自由空间过小，导致分公司失去积极性；过于干涉分公司的决策可能导致违反责权统一原则，而给分公司过大权力，则违反统一指挥原则。

5.5.9　案例分析9：比特丽公司的改革

比特丽公司是美国一家大型联合公司，总部设在芝加哥，下属有450个分公司经营着9000多种产品。其中许多产品：如克拉克棒棒糖、乔氏中国食品等，都是名牌产品。公司每年的销售额达90多亿美元。

多年来，比特丽公司都采用购买其他公司来发展自己的积极进取战略，因而取得了迅速的发展。公司的传统做法是：每当购买一家公司或厂家以后，一般都保持其原来的产品，使其成为联合公司一个新产品的市场；另外是对下属各分公司都采用分权的形式。允许新购买的分公司或工厂保持其原来的生产管理结构，这些都不受联合公司的限制和约束。由于实行了这种战略，公司变成由许多没有统一目标，彼此又没有什么联系的分公司组成的联合公司。

1976年，负责这个发展战略的董事长退休以后，德姆就是在这种情况下被任命为董事长。

新董事长德姆的意图是要使公司朝着他新制定的方向发展。根据他新制定的战略，德姆卖掉了下属56个分公司，但同时又买下了西北饮料工业公司。

据德姆的说法，公司除了面临发展方向方面的问题外，还面临着另外两个主要问题：一个是下属各分公司都面临着向社会介绍并推销新产品的问题。为了刺激各分公司的工作，德姆决定采用奖金制，对下属干得出色的分公司经理每年奖励1万美元。但是，对于这些收入远远超过1万美元的分公司经理人员来说，1万美元奖金恐怕起不了多大的刺激作用。另一个面临的更严重的问题是，在维持原来的分权制度下，应如何提高对增派参谋人员必要性的认识，应如何发挥直线与参谋人员的作用问题。德姆决定给下属每个部门增派参谋人员，以更好地帮助各个小组开展工作。但是，有些管理人员则认为只增派参谋人员是不够的。有的人则认为，没有必要增派参谋人员，可以采用单一联络人联系几个单位的方法，即集权管理的方法。

公司专门设有一个财务部，但是这个财务部根本就无法控制这么多分公司的财务活动，因此造成联合公司总部甚至无法了解并掌握下属部门支付支票的情况等。

【关键词】

集权；分权；激励；直线职权；参谋职权

【知识链接】

集权是指决策指挥权在组织层级系统中较高层次上的集中，也就是说下级部门和机构只能依据上级的决定、命令和指示办事，一切行动必须服从上级指挥。

分权是指决策指挥权在组织层级系统中较低管理层次上的分散。组织高层将其一部分决策指挥权分配给下级组织机构和部门的负责人，可以使他们充分行使这些权力，支配组织的某些资源，并在其工作职责范围内自主地解决某些问题。

直线职权指管理者直接指导下属工作的职权。这种职权由组织的顶端开始，延伸向下至最基层，形成所谓的指挥链。在指挥链上，拥有直线职权的管理者有权领导和指挥其下属工作。

参谋职权指管理者拥有某种特定的建议权或审核权，可以评价直线方面的活动情况，进而提出建议或提供服务。

【问题和答案要点】

1. 比特丽公司可以在分权方面做得更好吗？

比特丽公司可以在分权方面做得更好。现在的比特丽公司分权程度非常高，各下属分公司基本上是分而治之，这样的管理架构使得组织十分松散，总部也缺乏控制力。在市场竞争日趋激烈的今天，组织需要形成整体的力量，这好比拳头打出去比每一根手指更有力。比特丽公司需要平衡集权与分权，只有在现在的基础上适度集权才能形成更大的整体合力。

2. 你对德姆的激励方法有何看法？

德姆的激励方法可能难以达到理想的结果，微薄的奖励起不到足够的激励作用。要取得更好的激励效果，可以从两方面改进：一是提高物质奖励的额度，这样对分公司经理这样高收入阶层才会起到刺激作用；二是物质奖励和精神奖励相结合，奖励能否起到激励作用取决于人们取得的成绩和他们对不同需要的追求程度而定，物质奖励和精神奖励结合起来才能发挥最大的作用。

3. 参谋人员有何作用？如何协调直线和参谋人员之间的关系？

参谋人员可以为直线主管提供信息、出谋划策，配合主管工作。在协调直线主管和参谋人员之间的关系时很有讲究。首先，直线主管不能为参谋左右。参谋人员所拥有的只是辅助性职权：比如提供咨询、建议等。直线主管广泛听取参谋的意见后应做出决策。注意，只有直线主管才是决策者。其次，参谋应尽可能独立提出建议，直线主管不应过多干涉。

5.5.10　案例分析10：规模扩大的企业

某地方生产传统工艺品的企业，伴随着我国对外开放政策逐渐发展壮大起来。销售额和出口额近十年平均增长15%以上。员工也由原来的不足200人增加到了2000多人。企业还是采用过去的类似直线型的组织结构，企业一把手王厂长既管销售，又管生产，是一个多面全能型的管理者。最近企业发生了一些事情，让王厂长应接不暇。其一，生产基本是按订单生产，基本由厂长传达生产指令。碰到交货周期紧，往往是厂长带头，和员工一起挑灯夜战。有时虽然按时交货，但质量不过关，产品被退回，并被要求索赔。其二，以前企业人数少，所以王厂长一人就可以决定了。现在每年要招收大中专学生近50人，还要牵涉人员的培训等，以前的做法就不行了。其三，过去总是王厂长临时抓人去做后勤等工作，现在这方面工作太多，临时抓人去做，已经做不了、做不好了。凡此种种，以前有效的管理方法已经失去作用了。

【关键词】

分权

【知识链接】

分权是指决策指挥权在组织层级系统中较低管理层次上的分散。组织高层将其一部分决策指挥权分配给下级组织机构和部门的负责人，可以使他们充分行使这些权力，支配组织的某些资源，并在其工作职责范围内自主地解决某些问题。

【问题和答案要点】

请从组织工作的角度说明企业存在的问题以及改进措施。

（1）从案例中给出的信息看，企业明显采用的是直线制组织结构形式，这种组织结构优点是沟通迅速、指挥统一、责任明确；缺点是管理者负担过重，难以胜任复杂职能。

（2）显然当企业已经发展成为2000多人时，直线制组织结构制约企业的正常发展。这时候需要对原有的组织结构进行改革，可以考虑采用事业部制组织结构，事业部制组织结构有利于发挥事业部积极性、主动性，更好地适应市场，有利于公司高层集中思考战略问题；有利于培养综合管理人员。

5.5.11　案例分析11：巴林银行破产事件

1995年2月26日，新加坡巴林公司期货经理里森投资日经225股指期货失利，导致巴林银行遭受巨额损失，合计损失达14亿美元，最终无力继续经营而宣布破产。

巴林银行集团曾经是英国伦敦城内历史最久、名声显赫的商业银行集团，素以发展稳健、信誉良好而驰名，其客户也多为显贵阶层，英国女王伊丽莎白二世也曾经是它的顾客之一。

巴林银行集团的业务专长是企业融资和投资管理，业务网点主要在亚洲及拉美新兴国家和地区。1994年巴林银行的税前利润仍然高达1.5亿美元。但投资失利的结果却使这个有着233年经营史和良好业绩的老牌商业银行在伦敦城乃至全球金融界消失，目前该行已由荷兰国际银行保险集团接管。

巴林银行破产的直接原因，是其新加坡分行的一名交易员——里森违规交易造成的。里森，事发时刚满28岁，1992年，里森由摩根士丹利的衍生工具部转投巴林，被派往新加坡分行。由于工作勤奋、机敏过人而被重用，升任交易员，负责巴林新加坡分行的衍生产品交易。期货交易的成功使里森深受上司的赏识，地位节节上升，以至被允许加入由18人组成的巴林银行集团的全球衍生交易管理委员会。此时里森一人身兼首席交易员和清算主管两个职务。

里森的工作，是在日本的大阪及新加坡进行日经指数期货套利活动。然而里森并没有严格地按规则去做，当他认为日经指数期货将要上涨时，不惜伪造文件筹集资金，通过私设账户大量买进日经股票指数期货头寸，从事自营投机活动。然而，日本关西大地震打破了里森的美梦，日经指数不涨反跌，里森持有的头寸损失巨大。

若此时他能当机立断斩仓，损失还是能得到控制的，但过于自负的里森在1995年1月26日以后又大幅增仓，导致损失进一步加大。

1995年2月23日，里森突然失踪，其所在的巴林新加坡分行持有的日经225股票指数期货合约超过6万张，占市场总仓量的30%以上，预计损失逾10亿美元之巨。这项损失，已完全超过巴林银行约5.41亿美元的全部净资产值，英格兰银行于2月26日宣告巴林银行破产。3月6日，英国高等法院裁决，巴林集团由荷兰商业银行收购。

在金融发展史上，银行倒闭屡见不鲜。一般来说，一家银行的倒闭是长期以来银行内部机制不健全，从经营到管理诸方面弊病积累的结果。从本质上来说，1995年巴林银行的倒闭是由于其不完善的组织设计引起的。

【关键词】

集权；内部审计；矩阵式组织结构

【知识链接】

集权是指决策指挥权在组织层级系统中较高层次上的集中，也就是说下级部门和机构只能依据上级的决定、命令和指示办事，一切行动必须服从上级指挥。

矩阵制是由按职能划分的纵向指挥系统与按项目组成的横向系统结合而成的组织，具有纵横结合、有利于配合、人员组合富有弹性等优点，但同时又破坏了统一指挥原则，主要适用于突击性、临时性任务。

内部审计提供了检查现有控制程序和方法能否有效地保证达成既定目标和执行既定政策的手段。

【问题和答案要点】

是什么导致巴林银行失败？

导致巴林银行失败的组织问题主要有：

（1）管理层（董事会）对风险没有清醒的认识。

彼得·巴林作为巴林银行董事长甚至说过：“盈利能力的恢复是令人吃惊的，由此，巴林银行可以得出这样的结论：在证券交易这一行中赚取利润实际上并非难事。”

在巴林银行中，连最高管理层和日常管理层都没有充分理解新加坡分行所从事的衍生业务的性质，他们只注意到新加坡分行每年账面上的盈利，却没有发现这些巨额盈利背后的风险。

如具体看巴林银行组织结构图，董事会、监事会等管理机构均可以对里森的行为进行控制、监督，但却失效，最深层的原因在于巴林银行董事会的风险意识不足。

因此，管理层对业务风险的清醒认识是内控机制建立和完善的前提。这种认识必须是对银行内每种业务的盈利和风险有客观的分析，必须分清各种业务之间的关系，以及每种业务所要求的内控程序有何不同，以减少发生业务错误或舞弊的可能性。对于风险较大的业务，不能因为其收入和盈利较高就回避其面临的风险，而应对其适用更严格的避险和内控措施。

（2）治理结构形同虚设，缺乏科学决策、良性运行机制和执行力。

自1993年以来，为了更有效地适应金融产品的国际化趋势，巴林银行开始进行重大内部改革，进而采用“矩阵式”管理制度，即每个巴林成员，一方面要向其“地区经理”报告，另一方面还向伦敦总部的“产品经理”报告。

巴林的内部改革造成了许多职责不清的问题，新加坡的琼斯（里森的上司之一），视里森为伦敦总部的宠儿不闻不问，而伦敦的贝克（里森上司之二）在百忙之中，也就很自然地认为琼斯才是里森的上司，肯定会好好管着里森。结果新加坡巴林期货在里森的管理下，成了无人约束、得天独厚的老大，从而导致了巴林银行的破产。

（3）职责和权力不匹配，提供给里森过宽的权限和责任范围；在巴林新加坡分部，尼克·里森本人就是制度。他分管交易和结算，这种做法给了里森许多自己做决定的机会。作为总经理，他除了负责交易外，还集以下四种权力于一身：监督行政财务管理人员；签发支票；负责把关与新加坡国际货币交易所交易活动的对账调节，以及负责把关与银行的对账调节。行政财务管理部门保留各种交易记录并负责付款。虽然公司总部对他的职责非常清楚，却并未采取任何行动，他们生怕因得罪他而失去了这个“星级交易员”。他既负责前台交易又从事行政财务管理，就像一个人既看管仓库又负责收款。由于工作便利，里森的代号为88888的错误账号用了1年多，直到他辞职时才被发现。

（4）组织机构设计时，该银行报酬系统的有关方面设置不合理。

传统上，巴林银行付出其毛利的近百分之五十作为年度奖励。一个经理人可以参与年度利润分配但并不参与年度损失分配的组织，实际上会激励经理人员不惜冒额外的风险。一旦出现投机失误，就会试图通过加倍的投机来弥补损失，由此，上述激励机制就会发生扩张效应。如果这第二次的投机同样失误了，那么，在上述报酬激励机制的作用下，就会有动力做进一步的加倍投机，直到最后走向破产。

（5）组织构架运行时，在评价、监督以及控制职员活动方面的制度缺陷。里森利用了银行的业绩评估制度。他将为银行所做的交易说成是为顾客做的交易，从而就可以隐瞒损失。而一个相对完善的执行监控系统会在组织面临偿债能力威胁之前识别出这些问题。在巴林银行内部，对里森用于掩盖失误的“88888”账户在长达两年多的时间里始终没有被内部审计部门发现，对于里森假造花旗银行5000万英镑存款，内部审计部门始终未向花旗银行进行函证以确认其真实性。另外，内部审计部门对内部控制活动存在的明显失误视而不见。里森后来感慨："对于没有人来制止我的这件事，我觉得不可置信。伦敦的人应该知道我的数字都是假造的……这些人都应该知道我每天向伦敦总部要求现金是不对的，但他们却仍旧支付这些钱。"可以说，巴林银行的倒闭不是一人所为，而是一个组织结构在监督管理及控制职员方面失控所致。

（6）从巴林银行看企业完善组织构架的意义。

第一，建立和完善组织架构可以促进企业建立现代企业制度。它是以完善的企业法人制度为基础，以有限责任制度为保证，以公司制企业为主要形式，以产权清晰、权责明确、政企分开、管理科学为条件的现代企业制度。可见，现代企业制度的核心是组织架构问题；或者，一个实施现代企业制度的企业，应当具备科学完善的组织架构。也可以说，建立现代企业制度必须从组织架构开始。

第二，建立和完善组织架构可以有效防范和化解各种舞弊风险。串谋舞弊是企业经营发展过程中难以避免的一颗"毒瘤"，也是内部控制建设的难点之一。2004年11月发生的震惊中外的中航油（新加坡）股份公司期权交易巨亏案就是一个典型。

第三，建立和完善组织架构可以为强化企业内部控制建设提供重要支撑。组织架构是企业内部环境的有机组成部分，也是企业开展风险评估、实施控制活动、促进信息沟通、强化内部监督的基础设施和平台载体。一个科学高效、分工制衡的组织架构，可以使企业自上而下地对风险进行识别和分析，进而采取控制措施予以应对，可以促进信息在企业内部各层级之间、企业与外部利益相关者之间及时、准确、顺畅地传递，可以提升日常监督和专项监督的力度和效能。

资料来源：https：//wenku. baidu. com/view/91ea19a4aeaad1f346933f86. html.

5.6 管理游戏

5.6.1 管理游戏1：向前传递

目的：通过游戏使学生明白扁平式组织结构能够减少信息的失真。

道具：每组一张小纸片，上面写着一条"消息"。

时间：30分钟。

程序：

（1）将全班同学分成若干小组，确定每个小组传递消息的第一人和最后一人。

（2）把纸片发给每个小组的第一人，第一人看完后，将纸片交给老师。

（3）消息由每个小组的第一人依次向小组其他成员传递，直至最后一人。

（4）最后一人将听到的消息写在纸上交给老师。如果只有2～3个小组，可以让每个小组最后一人在黑板上写上听到的消息，然后再叫小组其他1～2位小组成员在黑板上写上自己听到的消息，最后让每小组第一人修改距他位置最近的小组成员所写的消息。

（5）如果是纸条，则老师念完纸条的内容，再念正确的答案；如果是写在黑板上，可以大声说出每小组相同消息的不同版本。

规则：

（1）每次传递时只允许将消息说一遍。

（2）轻轻地将自己理解的消息告诉你旁边的人，并依次传递下去，只有当轮到小组某个成员时，他（她）才可以听。

（3）听到消息后，必须完全按照自己的理解告诉下一名成员。

教师任务：

（1）在上课前，为每个小组准备一份“附注”的复印件，然后将每条消息剪开。

（2）宣布完规则后，发放纸片，给每个小组第一人3～4分钟时间，然后收回纸片。

（3）监控传递人员，他（她）们只能将消息说一遍，防止说数遍或防止同学一点一点传递。

（4）监督最后一人上交他（她）写的纸条，或者组织学生在黑板上写下所听到的。
考核标准：在规定时间内传递消息最准确者获胜。时间依人数的多少自定。

考核标准：在规定时间内传递消息最准确者获胜。时间依人数的多少自定。

附注：

消息一：我将于7月2日到8月4日外出度假，因此我希望这段时间能够停送报纸。我记得你们可以在周六晚上送出周日的报纸，因此我也希望为我安排提早投递周日的报纸。

消息二：我想将我的私人账户转为两人共有，我还想知道你们对小额商业贷款的新规定。此外，少于10 000美元的短期商业贷款的利率是多少？

消息三：我有意于7月6日带队参观博物馆，成员包括十名儿童、三位老人和四个年龄超过18岁的成年人，这四个成年人中有一人是学生。请问分别买票享受老年人和学生折扣同购买团体票相比较，哪种方法更划算呢？

消息四：我想订购两束玫瑰，分别送往两个地方。一束送给我的母亲，她居住在奥克兰；另一束送给我的姐姐，她居住在奥林达。玫瑰一定要新鲜——甜心玫瑰送给我的母亲，纯银玫瑰送给我的姐姐。

资料来源：https：//wk. baidu. com/view/5ab3a18dfab069dc51220150？pcf＝2&fromShare＝1.

5.6.2　管理游戏2：信任不倒翁

项目目标：团队信任建立。

项目时间：30分钟。

项目人数：15～20人。

项目流程：

（1）让学生将所有身上的硬物，包括眼镜、钥匙、手机等，统一放在培训师指定的地方。

（2）学生围成一个圆圈，指定其中一位学员站在圆圈当中。

（3）站在圈中的学生双手交叉抱肩，双脚并拢，腿部并紧，腰部挺直，头部低垂姿势直立。

（4）圈中的学生大声报出自己的名字，然后说请大家为我加油。

（5）教师组织大家为这名学生充电，所有学员将手搭在这名学生的肩膀或者背部，齐声“1、2、3”，大家一起喊出他的名字，再喊“加油加油”，齐声“YE”结尾。

（6）圈中的学生闭上双眼，做双臂抱肩的姿势，大声询问：“准备好了吗”，其他人呈半下蹲的姿势，掌心对着圈中的学员，五指打开做承托准备，回答：“我们准备好了”。

（7）得到回答后，圈中学生大声报出“1，2，3”，“3”字出口的同时在保持双脚不动的情况下，身体向前直倒，前方学生双手将其托住，两侧的学生做好保护姿势防止漏接。

（8）前方学生接住圈内学生后，依次将圈内学生向他身后的方向推去，由他后方的学生承托。向左再向右以及顺时针以及逆时针各旋转一圈在将他稳定到圆心位置站立。

项目注意事项：

（1）选择地面相对平整，无明显尖锐障碍物的区域。

（2）不得有意加大难度或开玩笑。

（3）要提前告知大家这个项目是徒手团体项目，安全主要靠每个人的认真负责，请集中精神参与。

（4）要告知希望他人怎样对待你，你就要怎样对待他人。

（5）过程当中，教师要始终站在此名学生的身后方向，以防止失手。

（6）万一发生某位学生意外倒落在地，应立即暂停项目，请全体学生反思刚才哪里不到位，应如何避免。探讨后，带领全体学生向倒落队员鞠躬致歉，然后继续进行。

资料来源：http：//www. 360tz. net/xm1411. asp.

第 6 章　人力资源管理

6.1　小组展示主要内容

教师按照教学大纲的要求，将本章重点知识分派给各小组，要求各小组以 PPT 形式将主要知识点向全体成员展示，主要内容如下：

（1）人力资源管理计划；

（2）员工的招聘与解聘；

（3）员工培训；

（4）绩效评估。

6.2　团队训练

6.2.1　团队训练 1：模拟招聘会与模拟考评表的应用

假设你是某企业人事经理，因业务规模扩大，公司部门需要增加人员，请设计并模拟一场招聘会并在课堂上进行现场展示。教师根据学生们的设计方案与表现给予评分。

6.2.2　团队训练 2：模拟招聘会

以团队为单位，每个团队进行一场校园模拟招聘，团队内确定分派招聘过程中的各个角色，有主考官，也有应聘者，同时写出招聘的具体步骤，且这些步骤要有创新性，并演示整个人员招聘的过程，与其他团队一起分享你们的模拟表演成果。

6.3　管理情景模拟

6.3.1　情景模拟 1

小张的专业是计算机及应用，以下是他与一位人力资源规划师的对话。

“2003 年 7 月我大学毕业后来深圳打工，先在公司研发部任软件工程师，然后被派到管理部做主管，现在是总经理助理。毕业 6 年中我经过了好几次职位的调动，也跳过四五家公司。我发现自己现在对哪一行都不是十分精通，我们这行知识更新速度特别快，工作压力也很大，现在年龄越来越大了，我真不知道该如何选择自己的职业道路，才能不使自己和所有的亲人都失望！您能否给我的职业生涯规划提些建议？”

请根据以上情景，回答下列问题：

1. 如果你是这位人力资源规划师，你认为帮助小张设计职业生涯最核心的问题是（　　）。

A. 制定行动计划与措施　　B. 职业生涯路线的选择

C. 自我评估　　D. 设定职业生涯目标

2. 运用舒伯的职业发展阶段理论，你分析目前小张所处的职业发展阶段是（　　）。

A. 成长阶段　　B. 探索阶段　　C. 建立阶段　　D. 维持阶段

3. 如果你是小张，在进行职业生涯设计中要对自己各方面的情况进行评价，其中包括（　　）。

A. 个人的人生观和价值观　　B. 个人特长　　C. 个人兴趣

D. 个人技能　　E. 个人性格

4. 作为一名人力资源规划师，请为小张的职业生涯规划提出两条具体建议。

答案：

1. D；2. C；3. ACD；4. （1）熟悉人力资源管理工作，具备较强的沟通和协调能力。（2）熟悉职业指导的知识，掌握职业辅导的技能。

资料来源：http：//blog. sina. com. cn/s/blog_ 8767697a0100wlwl. html.

6.3.2 管理情景模拟 2

课堂实施

（1）一个小组为一个招聘企业，另一个小组的学生充当应聘人员投递简历。

（2）两个小组的宣讲主持人上台介绍本企业概况与招聘职位状况。宣讲结束后，学生可根据自己兴趣选择另一企业的任一岗位投递简历。

（3）两个企业根据投递简历情况进入面试环节，由主考官主持面试。

（4）在面试过程中各面试官以面试评价表为依据。根据被面试同学的表现给予评价。

（5）面试结束后，两个小组面试官退回幕后综合汇总各被面试者的表现。选取拟录用人选进入第二轮面试。第二轮面试结束后，两个小组面试官综合两次成绩，选择录用人选。

（6）总结评价，整个过程结束后，两个小组作总结发言，让学生总结此次活动的感受及受到的启发，同时，两个小组之间可以互相点评对方的表现。最后，教师对两个小组的表现、存在的问题、方案和演练内容逐一进行评价，并对于表现突出与不足之处结合学生的现场表现进一步强调招聘课程的相关理论和技巧。

资料来源 https：//m. wendangxiazai. com/b83e0f522eefdc8d376ee32d9. html.

6.4　管理辩论

6.4.1　管理辩论1：人力资源建设以外部招聘员工更重要PK人力资源建设以内部培养员工更重要

1. 活动背景：在如今的企业架构中，HR已经占据了举足轻重的地位。对企业来说，人力资源的素质和能力直接影响到工作的成绩和效果。

2. 整体辩论规则如下：

A. 主持人介绍辩论双方

B. 介绍比赛秩序

C. 从正方开始，参赛队员分别进行自我介绍

D. 宣布比赛开始

E. 开篇理论开始，正反方一辩依次进行（各3分钟）

F. 攻辩时间（正反方二三辩每位各1.5分钟，正反方二三辩选择对对方任一辩手进行1.5分钟的提问，对方只许回答不许反问。）

G. 攻辩小结（三辩1.5分钟）

H. 自由辩论（每方4分钟，不允许指定对方其中一名辩手，对方辩友一旦坐下则你方开始计时）

I. 双方四辩总结陈词（各3.5分钟）

J. 观众提问

K. 比赛结束，老师点评

6.4.2　管理学辩论2：中小民企管理层辞职，内部晋升好还是外部招聘好

【辩论背景】

人力资源计划中最为关键的一项任务是能够招到并留住有管理才能的干部。依据来源不同，组织可以通过外部招聘和内部提升两种方式来选择和填补管理岗位的空缺。

【辩论目的】

了解企业人才招聘的方式，掌握内部晋升与外部招聘的优缺点。

【知识链接】

外部招聘是指根据组织制定的标准和程序从组织外部选拔符合空缺职位要求的员工，它的优势主要有具备难得的“外部竞争优势”、有利于平息并缓和内部竞争者之间的紧张关系和能够为组织输送新鲜血液。它的劣势是外聘者对组织缺乏深入了解、组织对外聘者

缺乏深入了解、外聘对内部员工的积极性造成打击。

内部提升是指组织内部成员的能力和素质得到充分确认之后，被委以比原来责任更大、职位更高的职务，以填补组织中由于发展或其他原因而空缺了的管理职务。内部提升有利于调动员工的工作积极性、有利于吸引外部人才、有利于保证选聘工作的正确性、有利于被聘者迅速展开工作，同时内部提升可能会导致组织内部“近亲繁殖”现象的发生，也可能会引起同事之间的矛盾。

【辩论评论】

两种人才招聘方式各有利弊，为提高招聘效率，企业在选择招聘方式时应从所需选聘人才的层次、企业经营环境的特点、企业所处的发展阶段和企业战略以及与之相关的企业文化调整的需要等几个方面综合考虑。

6.4.3 管理辩论3：内部培训VS人才招聘

【辩论背景】

如今，一些企业在人力资源建设以招聘合适的员工更重要还是以企业内部培训更重要的问题产生争论，因此以此为主题进行辩论。正方为人力资源建设以企业内部培训；反方为人力资源招聘以招聘合适的员工更重要。

【辩论目的】

了解企业人力资源建设的基本途径，掌握内部培训与人才招聘的区别。

【知识链接】

员工招聘是指组织及时寻找、吸引并鼓励符合要求的人到本组织中任职和工作的过程，组织需要招聘员工的原因主要有新设立一个组织、组织扩张、调整不合理的人员结构和员工因故离职而出现职位空缺等。

员工培训的方法有多种，依据所在职位的不同，可以分为导入培训、在职培训：工作转换和实习、离职培训等；对管理者培训的要求则不仅是提高其具体工作的技能，而且更重要的是要提高其从整体上把握全局、激励他人以及协调他人劳动的能力，其主要的培训方法有工作转换、设置助理职务、临时职务与彼得原理。

6.5 案例分析

6.5.1 案例分析1：S公司的管理困境

S公司是一家上市的民营高科技企业，由几位志同道合的伙伴于1994年合作创办。在公司成立之初资金并不宽裕的情况下，几位合伙人主动提出不领取工资直至公司盈利为止。在他们不计报酬、努力工作的精神感召下，公司的员工们也时常义务加班。公司内部关系融洽、士气高涨。经过公司上下的共同努力，1996 年该公司已发展成为一家集开发、生产、经销于一体的中型高科技企业，在省内 IT 业界树立了一定的知名度。1996 年至1999 年，公司处于高速发展阶段。企业经济效益连年大幅增长，员工待遇也随之不断改善，加之公司所处行业属于朝阳产业，员工普遍感觉在这样的公司有希望，同时还吸引了大批具有专业技术知识的年轻人加入公司。然而，自 2000 年公司进入稳定期以来，随着经济效益增幅的减小，公司内部出现了安于现状、不思进取的氛围，人心涣散的迹象十分严重，尤其是中层管理者的流失问题急待解决，中层管理者流动频繁，使公司的管理已出现脱节现象，其他员工的士气大受影响，企业经济效益明显下降，公司从此陷入恶性循环。最近，员工中开始流传一种说法：凡是从本公司跳槽的人都能在现职岗位做得不错，待遇比在公司时好，工作强度也比本公司小，其他公司同一层次的员工评估还不单纯以业绩为标准。另外，人员流动多倾向于国内的知名外企。针对企业面临的以上问题，公司总经理感到非常棘手，准备请人力资源部经理为企业做出建议并同其商讨对策，使公司早日摆脱目前的困境。

【关键词】

薪酬管理；绩效评估

【知识链接】

绩效评估是指组织定期对个人或群体小组的工作行为及业绩进行考察、评估和测度的一种正式制度。

获得薪酬是许多员工参与企业活动的基本目的。薪酬制度的建立和完善是管理激励的基本工作内容之一。除与基本工作相应的基本工资外，员工的薪酬管理还应注意绩效工资、分红、总奖金和知识工资。

【问题和答案要点】

如果你是该公司的人力资源部经理，会如何看待该问题并提出建议呢？

（1）解决薪酬出现的问题，S 公司的薪酬对员工没有吸引力，应进行市场薪酬调查。针对中层流失的问题，可以通过股票薪酬模式激励高级管理人员，比如虚拟股票、期股等。

（2）进行绩效考核，是公司单纯以业绩为标准，结果至上，应改善绩效考核制度，设计以过程、员工特征为导向的考评制度。利用平衡计分法、关键绩效指标法和 360 度评估。

（3）建立积极向上的企业文化。因为现在企业人心涣散，对于即将流失或已经提交辞职报告的应该进行辞职谈话、跟踪调查、离职人员分析。在招聘阶段也应调查清楚选择本企业的原因，同时要改进晋升机制。

资料来源：http：//www. docin. com/p－1766378517. html.

6.5.2 案例分析2：F公司新的薪酬制度

F公司是一家生产电信产品的公司。在创业初期，依靠一批志同道合的朋友，大家不怕苦不怕累，从早到晚拼命干。公司发展迅速，几年之后，员工由原来的十几人发展到几百人，业务收入由原来的每月10多万元发展到每月1000多万元。企业大了，人也多了，但公司领导明显感觉到，大家的工作积极性越来越低，也越来越计较报酬。

F公司的总经理黄先生一贯注重思考和学习，为此特地到书店买了一些有关成功企业经营管理方面的书籍来研究，他在《松下幸之助的用人之道》一文中看到这样一段话："经营的原则自然是希望能做到'高效率、高薪资'。效率提高了，公司才可能支付高薪资。但松下幸之助提倡'高效率、高薪资'时，却不把高效率摆在第一个努力的目标，而是借助提高薪资，来激发员工的工作意愿，以此达到高效率的目的。"黄先生想，公司发展了，确实应该考虑提高员工的待遇，这一方面是对老员工为公司辛勤工作的回报，另一方面也是吸引高素质人才加盟公司的需要。为此，F公司聘请一家知名的咨询公司为企业重新设计了一套符合公司老总要求的薪酬制度，大幅度提高了公司各类员工的薪酬水平，并对工作场所进行了全面装修，改善了各级员工的劳动环境和工作条件。

新的薪酬制度推行以后，其效果立竿见影，F公司很快就吸引了一大批有才华有能力的人，所有的员工都很满意，工作十分努力，工作热情高涨，公司的精神面貌焕然一新。但这种好势头没有持续多久，员工的旧病复发，又逐渐恢复到以前懒洋洋、慢吞吞的状态。

公司的高薪没有换来员工持续的高效率，公司领导陷入两难的困境，既苦恼又彷徨，问题的症结到底在哪儿呢？

【关键词】

薪酬；薪酬制度

【知识链接】

获得薪酬是许多员工参与企业活动的基本目的。薪酬制度的建立和完善是管理激励的基本工作内容之一。除与基本工作相应的基本工资外，员工的薪酬管理还应注意绩效工资、分红、总奖金和知识工资。

【问题和答案要点】

1. 该公司应采取哪些措施对员工的薪酬制度进行再设计、再改进？

该公司应根据企业发展的中长期方向和目标，坚持"对外具有竞争力，对内具有公平性"的基本原则，采取以下步骤，对公司的薪酬制度进行再设计、再改进：

①对全部岗位进行工作分析，建立健全定编、定岗、定员和定额等基础工作。

②对各类岗位进行系统的岗位评价和分类分级，以保证薪酬对内的公平公正性。

③建立薪酬调查的制度，定期进行薪酬市场调查，掌握同类企业员工薪酬水平的变动情况，以提高公司员工薪酬水平，保持公司薪酬的市场竞争力。

④根据公司生产经营的状况和财务实力，对各类员工的薪酬结构进行再设计，采用适合岗位性质与工作特点的工资和奖励制度。

⑤定期进行员工薪酬满意度调查，掌握员工的动态，运用多种激励方式和手段，最大限度地调动员工的积极性、主动性和创造性。

⑥注重与员工薪酬制度相关制度的贯彻落实，提高其相互配套性和支撑性，如员工绩效管理、培训开发等管理子系统的建立和完善。

2. 为了持续保持公司员工旺盛的斗志，应当采取哪些配套的激励措施?

①公司的领导层要转变观念，树立"以人为本"的经营管理思想，针对F公司的现状，其重点应当是建立以薪酬制度为基础的员工激励机制，使企业进入"高薪资、高效率、高效益"的良性循环。

②在强调外在激励的同时，更应当重视内在激励。强化基于岗位工作本身带给员工的胜任感、成就感、责任感、事业心、影响力、个人的成长和富有价值的创造等。

③引入适度的竞争机制，让员工感觉到差距的存在、竞争的危机，落后就意味失去工作。

④创造公平的工作环境。公平体现在各个方面，如招聘录用、绩效考评、教育培训、劳动报酬、晋升调动等。任何不公平都会影响员工的情绪和效率，降低激励效果。

⑤加大对团队绩效奖励的力度，以倡导团队的合作精神，促进团队成员之间相互合作，调整上下级之间因工资差距过大时出现的心理不平衡。

⑥设计适合员工需要的福利项目。高薪只是短期内人才资源市场供求关系的体现，而福利则反映了企业对员工的长期承诺。

⑦在依据充分、公平公正的前提下，进一步强化奖惩制度。

⑧将公司长远发展与员工短期目标密切结合在一起，帮助业务骨干制定职业生涯规划，促使员工重视职业生涯的自我开发，树立与公司共谋发展，双方共赢的职业观。

资料来源：人力资源师考试试题。

6.5.3　案例分析3：贾厂长的管理模式

贾炳灿是1984年调任上海液压件三厂厂长的。他原是上海高压油泵厂厂长，由于治厂有方，使该厂连获"行业排头兵"与"优秀企业"称号，已是颇有名望的管理干部了。这次是他主动向局里请求，调到这问题较多的液压件三厂来的。局里对他能迅速改变该厂的落后面貌寄予厚望。

贾厂长到任不久，就发现原有厂纪厂规中确有不少不尽合理之处，需要改革。但他觉得先要找到一个能引起震动的突破口，并能改得公平合理，令人信服。

他终于选中了一条。原来厂里规定，本厂干部和职工，凡上班迟到者一律扣当月奖金1元。他觉得这规定貌似公平，其实不然。因为干部们发现自己可能来不及了，便先去局里或公司兜一圈再来厂，有个堂而皇之的因公晚来借口免于受罚，工人则无借口可依。厂里400多人，近半数是女工，家务事多，早上还要送孩子上学或入园，有的甚至得抱孩子来厂入托。本厂未建家属宿舍，职工散住全市各地，远的途中要换乘一两趟车；还有人住在浦东，要乘渡轮上班。碰上塞车、停渡，尤其雨、雪、大雾天气，尽管提前很早出门，仍难免迟到。他们想迁来工厂附近，却无处可迁；要调往住处附近工厂，也很难成功。所以迟到不能完全归咎于工人自己。贾厂长认为应当从取消这条厂规下手改革。

有的干部提醒他，莫轻举妄动，此禁一开，纪律松弛，不可收拾；又说别的厂还设有考勤钟，迟到一次扣10元，而且是累进式罚款，第二次罚20元，三次罚30元。我厂才扣1元，算个啥？

但贾厂长斟酌再三，这条一定得改，因为一元钱虽少，工人觉得不公、不服，气不顺，就影响到工作积极性。于是在3月末召开的全厂职工会上，他正式宣布，从4月1日起，工人迟到不再扣奖金，并说明了理由。这项政策的确引起了全厂的轰动，职工们报以热烈的掌声。

不过贾厂长又补充道："迟到不扣奖金，是因为有客观原因。但早退则不可原谅，因为责在自己，理应重罚；所以凡未到点而提前洗手、洗澡、吃饭者，要扣半年奖金！"这有时等于几个月的工资啊。贾厂长觉得这条补充规定跟前面取消原规定同样公平合理，但工人们却反应冷淡。

新厂规颁布不久，发现有7名女工提前2分钟至3分钟不等去洗澡。人事科请示怎么办，贾厂长断然说道："照厂规扣她们半年奖金，这才能令行禁止嘛。"于是处分的告示贴了出来。次日中午，贾厂长偶过厂门，遇上了受罚女工之一的小郭，问她道："罚了你，服气不？"小郭不理而疾走，贾厂长追上几步，又问。小郭悻悻然扭头道："有什么服不服？还不是你厂长说了算！"她一边离去一边喃喃地说："你厂长大人可曾上女澡堂去看过那像啥样子？"

贾厂长默然。他想："我是男的，怎么会去过女澡堂？"但当天下午趁澡堂还没开放，跟总务科长老陈和工会主席老梁一块去看了一趟女澡堂。原来这澡堂低矮狭小，破旧阴暗，一共才设有12个淋浴喷头，其中还有3个不太好使。贾厂长想，全厂194名女工，分两班每班也有近百人，淋一次浴要排多久队？下了小夜班洗完澡，到家该几点了？明早还有家务活要干呢。她们对早退受重罚不服，是有道理的。看来这条厂规制定时，对这些有关情况欠调查了解了……

下一步怎么办？处分布告已经公布了，难道又收回不成？厂长新到任订的厂规，马上又取消或更改，不就等于厂长公开认错，以后还有啥威信？私下悄悄撤消对她们的处分，以后这一条厂规就此不了了之，行不？……

贾厂长皱起了眉头。

【问题和答案要点】

1. 贾厂长是以一种什么样的人性观来对待员工的？

该案例中，贾厂长只是根据惯例主观地采取了迟到不罚款，而对早退罚款的决定。改革不合理的厂纪厂规有助于调动职工的积极性，贾厂长取消了迟到罚款的规定受到了工人的好评。这说明在这个问题上贾厂长尊重职工，关心他们的疾苦，在管理中考虑到了人的因素，其人性观有"社会人"假设倾向。但在制定新的规章制度时，由于没有很好地调查研究，没有了解工人为什么会出现早退的现象，就做出了早退罚款的决定。这一决定说明贾厂长只想用经济杠杆来管理，又有一种用理性人假设来实施管理的倾向。因此对一个完整的人来说，贾厂长的这种管理方式比较符合薛恩的复杂人性观。

2. 如果你是贾厂长，你准备怎样来对待员工？你想采用什么样的激励手段和管理方式?

鉴于案例中出现的问题，为了能使新的规定得到贯彻实施，贾厂长应该改变原有的领导方式，在充分与工人讨论协商的情况下，制定公平合理的、行之有效的规章制度。为解决工人洗澡排队的问题，厂里应彻底改造女澡堂。这样，就扫清了新规定执行的障碍。

资料来源：https：//max. book118. com/html/2018/0816/5023020121001310. shtm.

6.5.4 案例分析4：谢总的人事选择

谢丁是设在北京中关村电子一条街的一家电脑公司中分管人事工作的副总经理。公司董事会日前做出了“第二次创业”的战略决策，并据此将公司经营业务的重点从组装“杂牌”电脑转到创立自己品牌的方向上来，谢丁必须在这周内做出一项人事决定，挑选一个人担任公司新设业务部门的领导。他有三个候选人，他们都在公司里工作了一段时间，其中一位是李菲，这小伙子年纪不大，但领导手下人挺有一套办法，所以谢丁平时比较注意他。另一个原因是，李菲的领导风格很像谢丁自己。谢丁是曾在部队从事过通信系统维护工作的退役军人，多年军队生活的训练使他养成了目前这种领导方式，但谢丁自己心里也明白，公司新设立的业务部门更需要能激发创造性的人，李菲是某大专院校电子计算机专业的专科毕业生，四年前独自到北京“闯世界”，经过大面试来到了本公司工作。他的性格与言行让人感到，他是一个说一不二、敢作敢为的人。李雯则是另一种性格的人，她通过自学获得了文科学士文凭，为人友善，喜欢听取下属的意见，并通过前一段时间参加商务管理培训班的学习以及自己边实践边总结、提高，形成了一种独特的领导风格。对于第三个候选人彭英，谢丁没有给予多少考虑，因为彭英似乎总是让他的下属做出所有决策，自己从没有勇气说出自己的主张。

【问题和答案要点】

假如你是在谢丁身边工作多年的一位参谋人员，谢丁想让你从纯理性角度对该项人事决策作出分析，请问你会建议谢丁选择谁担任新设业务部门的领导人？为什么？

(1) 岗位分析：需要一个部门的领导（中层管理者）。工作重点：把经营业务的重点从组装“杂牌”电脑转到创立自己品牌的电脑。该部门领导人的最基本素质：激发员工创意，管理能力强，善纳人言，开诚布公，温和友善且平易近人，关心员工，关心生产。

(2) 选定候选人：李雯，她学过工商管理，为人友善，喜欢听取下属的意见。不足：缺少专业技巧，但自学能力较强，可以在工作中学习。

资料来源：https：//wenku. baidu. com/view/cc36a01e284ac850ac0242b5. html.

6.5.5 案例分析5：如何有效考核行政管理人员

一家私营股份制企业现有员工50名，公司正在制定员工考核办法，要求尽量采用量化指标每月进行评分并与绩效工资挂钩。

【问题和答案要点】

针对公司行政管理人员如办公室秘书、总经理助理、人事负责人如何制定考核标准?

（1）按我们的理解，该公司的员工考核办法是与绩效工资挂钩的，也就是说绩效考核的主要目的是为绩效工资提供依据。如果是这样的话，一个核心主题是：行政管理人员与销售、生产等人员相比，其工作性质、产出特点、产出周期等均有很大差异，因而其绩效工资以及考核办法均需另类处理。

（2）除主持全局工作的中高层领导外，行政管理人员的工作流程基本上属公司核心业务流程以外的辅助流程，其工作主要属支持、服务性质，其产出特点是均匀性、稳定性、间接性。每月工作内容很类似，按基本的作业程序操作，工作成果难以量化，对公司贡献的影响很间接。

（3）通过以上分析，我们有几点建议：

对小公司而言，业务是关键，业务人员是关键人才，如何考核与激励是公司的关键管理事宜。至于行政管理大的方面需老板们亲力亲为。处理一般事务的行政管理人员，不是这个阶段的关键人才，公司不必投入太多的精力去“科学管理”；管理是花成本的。这是一个原则。

一般来说，行政管理人员工资中的固定部分比例应相对高一些，月度不做与绩效工资挂钩的正式考核，半年或一年做一次与奖金挂钩的考核。既然贵公司想做月考月挂钩，一定有自身的理由和目的。只要能有效服务于自身目的，考核形式、标准就不是主要问题了。比如：许继集团的考核目的是淘汰5%的落后者，因此最后的考核结果是拉开比例至关重要。有的公司考核目的是明确责任，那么职位说明书最关键，对照说明书中的职责考核即可。

如果要每月量化考核行政管理人员，一定要小心跌入“量化陷阱”，如大而全的量化、事后的量化、琐碎细节的量化。要有目标导向、成果导向与计划导向，要建立起员工行为与公司目标的正相关关系。例如：对人事负责人可以考核其“人才流失率”指标。同时，设计量化考核指标时，应注意以下原则：易理解；被考核者有相当的控制能力；考核内容的资料来源可信且获取成本低；考核内容可衡量、可实施。

对确实找不到直接量化指标的岗位或人员，可以选择以下方式：满意度调查、内部服务投诉次数、月度工作计划或任务考核等等。

资料来源：http：//www. doc88. com/p－290947152980. html.

6.5.6 案例分析6：招聘捕鼠科长

有一个农场，因捕鼠科科长离职而造成场内鼠患成灾，农场总经理命令人力资源部经理五天之内招一个捕鼠科科长回来，否则你也给我走人。

人力资源部经理接到这个指示后，回去赶紧就写了一张小红纸条，贴在了农场的大门口，上面这样写道：“本农场欲招捕鼠科科长一位，待遇优，福利好，有意者请来面试。”

第二天，农场门口来了这么七位应聘者——鸡、鸭、羊、狗、猪、猫、猫头鹰。

第一轮筛选是学历筛选。鸡、鸭都是北大的优秀毕业生，当然过关；羊和狗是大专毕业，也过关；猫和猫头鹰是高中毕业，人力资源部经理皱了皱眉头，也过关了，结果，第一关淘汰下来只有一位，那就是只读到小学二年级的猪先生。

第二轮是笔试。这当然难不倒大学本科毕业的鸡和鸭；羊因为平时勤勉，也勉强过关了；狗呢，上学的时候不太认真，碰到这些题目有些为难，可是它在这么短短的一会儿时间内，已经给主考官鞠了六个躬，点了九次头，所以也过关了；猫头鹰本来是不会做的，可是它眼力好，偷看到了，所以也就抄过了关。只有猫因为坚持原则，不会做就是不会做，这一轮被淘汰的只有猫一个人。

第三轮是答辩，总经理、农场场主和人力资源部经理三个人坐在那里，应聘者一个接一个的进来。

第一个是鸡，它一进来就说："我在学校时是学捕鼠专业的，曾经就如何掌握鼠的习性与行动方式写过一篇著作。"三个人一碰头，这个好，留下了。

第二个进来的是鸭，它说："我没有发表过什么著作，但是在大学期间，我一共发表了18篇有关鼠的论文，对于鼠的各个种类，我是了若指掌。"这个也不错，也留下了。

第三个进来的是羊，羊说："我没有那么高的学历，也没有发表过什么论文、著作。但是我有一颗持之以恒的心和坚硬的蹄子。你们只要帮我找到老鼠洞口，然后我就站在那里，高举着我的前蹄，看到有老鼠出来我就踩下去，十次当中应该会有两三次可以踩死，只要我坚持下去，相信有一天我会消灭老鼠的!"三个主考官被羊的这种精神感动了，于是也录取了。

第四个进来的是狗，狗一进来就点头哈腰地说："瞧三位慈眉善目的，一定都是十分优秀的成功人士……"一顿马屁狂拍，三个人被拍得晕晕乎乎的，最终也录用了。

最后一个是猫头鹰，没有高学历，没有什么论文著作，唯一的成绩就是从事捕鼠一年多来抓了五六百只田鼠，但是不会拍马屁，又长得恶形恶相的，一点都不讨人喜欢，所以就被淘汰了。

至此，整个招聘活动结束。

【问题】

该案例有什么启示？

6.6 管理游戏

6.6.1 管理游戏1：波涛汹涌

目的：让气球停留在空中，激发欢乐。

时间：5～10分钟。

材料：球多个。

内容：组长说："如果你心中有口气，顶在胸口会好辛苦，我们为别人赶走这气球好吗?"

（1）每人有一个不同颜色的气球。

（2）每人抛高自己的气球，并尽力让自己的球停留在空中，同时尝试打下别人的球。

（3）气球跌在地上的人即被淘汰。

（4）气球保持在空中漂浮最久的人获胜。

（5）组长总结："好啦，大家都出了气！"

资料来源 http：//www. docin. com/p－33578097. html

6.6.2　管理游戏 2：蒙眼三角形

蒙着眼睛做游戏，一个团队还能合作愉快吗？因为我们是一家人，因为我们有着共同的目标，所以我们能行！

目标：使学员互助合作形成共识，完成低难度活动。

规则：用眼罩将所有学员的眼睛蒙上，在蒙上前先观察一下四周的环境。然后，将双手举在胸前，像保险杆般保护自己与他人。目标是整个团队找到一条很长的绳子，并将它拉成正三角形，且顶点必须对着北方。完成时每个人都能握住绳子。

讨论：

（1）回想一下发生过什么事？

（2）各位是怎么找到绳子的？

（3）各位是如何拉正三角形的？

（4）想象和蒙上眼之前看到的差异大吗？其他人当时的想法如何？

（5）各位觉得绳子像什么？

（6）这个游戏和工作类似吗？

（7）游戏最有价值之处是什么？

（8）如果再玩一次你会怎么做？

注意：场地应选择在户外草地上进行，以免跌倒受伤。

变化：

（1）可以排列不同队形。

（2）绳子可以用尽（难），可以不用尽（易）。

教具：粗棉绳一条、眼罩（依人数而定）。

6.6.3　管理游戏 3：备受攻击

（1）目的：体验被排挤的滋味。

（2）内容：

①抽出一人做箭靶。

②在地面上画一个圆圈，或用绳圈也可，"箭靶"站在中间，其他人要拍打他最少 3 次，但不可给"箭靶"碰到，被碰到的人便要做"箭靶"了。

③备注：如有 8 人以上，分为两组为佳，这可以便于走动。

（3）变化："箭靶"可拉人入圈（这个圈一定要大一些），帮他一起捉人，即圈内人越来越多，直至所有人都入了圈为止。

6.6.4　管理游戏 4：对对碰

（1）目的：合作，沟通。

（2）内容：众人围坐一个大圈，留一张空椅。音乐开始，坐在空椅子左右边的两个人，要立刻起身去拉一个人来坐在那空椅上，被带走的人留下空位，两旁的人就要起身拉人。音乐停止，还在走着的人便算输。

（3）变化：被请走的人可以要求两人回答一些问题才跟他们走。

6.6.5 管理游戏5：衔纸杯传水

（1）目的：增进亲近感，考验成员配合，协作能力。

（2）内容：人员选8名一组，男女交替配合，共选16名员工，分2组同时进行比赛。由2名人员辅助第一名人员倒水至衔接的纸杯内，再一个个传递至下一个人的纸杯中，最后在限定的五分钟内，看哪个组缸内的水最多，哪个组就获胜。

资料来源：http：//www. hroot. com/d－9337455. hr

6.6.6 管理游戏6：个人现场检查

形式：四人以上的小组。

时间：45分钟。

材料：课堂资料。

场地：不限。

应用：员工激励。

目的：

（1）增进团队成员对其每天的行为、态度以及对团队成功的贡献的重要性的认识。

（2）激励团队成员检查其能力和成长的机遇。

（3）加强团队成员对团队的贡献。

步骤：

（1）用对每一个成员的贡献的重要性的简短讨论来介绍此测试。

（2）分发自我评估参与者工作表《衡量您的贡献》。大约给十分钟完成它。

注意：如果团队已发展得足够成熟因而可以给予真诚的反馈信息，转到步骤（3），否则，跳到步骤（4）。

（3）让参与者以两或三人的小组合作，分享他们的《衡量您的贡献》的评估结果，相互间按以下的每一条陈述给予反馈：

（a）是的，我对你的评价跟你对自己的评价一样。

（b）我想，你在这儿低估了自己，比如……

（c）在这方面，我的经验是你……（肯定的例子）我想，你如果……你甚至能在这方面为团队做出更大的贡献。

（给15～20分钟）

注意：对于高度发展的团队，如果对于此测试来说，此团队的规模是可管理的，就没有必要分成更小的组。团队整体能有效地给团队成员提供有价值的反馈。

（4）让每个团队成员至少确定并在团队中分享他（她）对团队所做的一个积极的贡献以及对个人改进行动的一个承诺。

提醒：让成员对行动做出个人承诺，并记录下来，然后准备好在下个月内的团队会议上汇报他们的进展，或者向团队成员询问关于他们行为的变化是否明显的意见。

讨论：

（1）我们每个人对整个团队承担着什么责任呢？

（2）每个成员的贡献对团队来说是重要的么？为什么？

总结与评估：

高效的团队其成就要比其各组成部分的成就的加总更大。然而一个团队要想达到其潜能所至，就要求每一个部分必须尽其潜能做出贡献。

团队成员常常因为其本职工作而过于忙碌，这导致他们忽视了其团队责任。多数人希望并努力做一个好的团队成员——他们只是有时忘记了。仅仅唤醒他们的记忆便能对团队协作的效率产生很大的作用。

本测试提供的检查项目表给团队成员提醒关于其对团队的责任，并给他们一个进行自我评估的机会。

资料来源：http：//www. doc88. com/p－7989530090783. htm.

第 7 章　组织变革与组织文化

7.1　小组展示主要内容

教师按照教学大纲的要求，将本章重点知识分派给各小组，要求各小组以 PPT 形式将主要知识点向全体成员展示，主要内容如下：

（1）组织变革的一般规律；

（2）管理组织变革；

（3）组织文化及其发展。

7.2　团队训练

7.2.1　团队训练 1：调研互联网时代企业组织结构的变化

信息化时代的到来使得企业组织结构逐渐走向虚拟化、松散化和扁平化。每个小组选取一家企业为研究对象，采取上网收集资料或实地调查等方式，对该对象在互联网时代组织结构所发生的变化、原因及成效进行调查，以 PPT 形式在课堂上与其他团队进行交流。

7.2.2　团队训练 2：变革与绩效

每个团队成员通过上网或查阅有关文献资料，找出在过去的三年内进行了组织结构变革的例子，讨论其变革的类型和变革的成效，并分析其成功或失败的原因，以 PPT 形式在课堂上与其他团队进行交流。

7.3　管理情景模拟

7.3.1　管理情景模拟 1：激发原有员工的工作积极性

某国有企业许多职工每天都只是上完班就走，“等、靠、要”的思想深入人心，进取精神不足。后来老厂长退休了，新来的厂长上任后，发现此类现象，决心采取系列措施杜绝这种现象。

【模拟事项】

假设你是新厂长，你会采取什么措施改变这种现象？

7.3.2 管理情景模拟2：提高业绩

最近的业绩不太理想，那可怎么办才好啊，公司老总十分忧愁，便召集高层人员开会，以寻求解决方法。

会议开始，老总向大家说明了开会的目的，希望大家能想出一些方法来提高业绩。大家听了都觉得是时候变革一下了，于是大家开始讨论要怎么变革。

有人说：员工的工资是固定的，他们的业绩不会影响工资的高低，所以他们没有积极性去提高业绩。我们应该设一个底薪和最低工作任务，然后超出工作任务的部分再给予奖励，这样既可以调动员工的积极性，还可以提高公司的业绩水平。

老板觉得这样可行！

另一个说：因为工厂的效率不够高，导致很多订单都无法按时完成。我去观察过，发现工作链上的员工是不固定的，导致他们的熟练程度不够，所以工作效率很低。我觉得我们可以专门训练一批员工，让他们在固定的工作链上，那样他们会比较熟识所做的工作，效率自然就提高了，订单也不会无法按时完成了。

老总认为效率不够高也是个问题，这样做也不失为一个好办法。

还有人说：我们现在还在采取线下售卖的方式，其他一些企业都已经开始在线上售卖了。所以我们的业绩一直停滞不前并且还有下降的趋势，我们不妨试一下线上售卖的方式，适应时代的潮流，也许这样可以提高我们的业绩。

老总想了想，觉得这个办法可以考虑一下。

老总说：我们公司太久没有出过新产品了，创意部总监你要好好组织一下你团队，想想办法，要开发一些新产品来吸引大众的眼球，否则靠着这些旧的产品坚持不了多久的。

于是大家都纷纷开始变革，希望通过这次变革和文化建设可以成功。

【模拟事项】

假设你是该企业老总，你会怎样组织你的团队，对企业组织结构进行变革和对企业文化进行建设。

7.4 管理辩论

7.4.1 管理辩论1：规范和调控员工的行为，是利益机制的构建更重要还是组织文化建设更重要

【辩论目的】

通过辩论，加深对理论知识的巩固和掌握，该辩论主题涉及利益机制和组织文化等知识点。

【知识链接】

利益机制是指企业及其成员从维护自身的利益出发，对企业外部环境中各种经济现象及其变动的反应方式和企业中不同成员的行为之间的相互依存、制约、影响方式。

组织文化是指组织成员的共同价值观体系，它使组织独具特色，并区别于其他组织。这种价值观体系是组织所重视的一系列关键特征，也是本质所在。

7.4.2 管理辩论2：建立良好的组织文化重要，还是组织结构的改革更为重要?

【辩论目的】

该辩论主题涉及组织文化和组织结构变革等知识点，通过辩论希望能够使这些知识点得到巩固和掌握。

【知识链接】

组织变革是指组织根据内外环境的变化，及时明确组织活动的内容或重点，并据此对组织中的岗位、机构以及结构进行调整，以适应组织未来发展的要求，组织变革的根本目的就是提高组织的效能。

组织文化是指组织在长期的实践活动中所形成的，并且为组织成员普遍认可和遵循的具有本组织特色的价值观念、团体意识、工作作风、行为规范和思维方式的总和。

7.5 案例分析

7.5.1 案例分析1：东方公司的组织变革

东方公司是一家新兴企业，六年前以房地产业务起家，公司初创时只有几个人，资产1500万元，发展到现在已有1300余人，5.8亿元资产，业务拓展以房地产开发为主，涵

盖娱乐、餐饮、咨询、汽车维护、百货零售等业务的多元化经营格局。

随着公司的不断发展，人员开始膨胀，部门设置日益复杂，如总公司下设五个分公司和一个娱乐中心，娱乐中心下设嬉水、餐饮、健身、保龄球、滑冰等项目。另外，总公司所属的房屋开发公司、装修公司、汽车维修公司和物业公司又都自成体系。管理层次也不断增加，总公司有三级，各分公司又均有三级以上的管理层，最突出的是娱乐中心，管理层次多达七级。职能部门重叠设置，总公司有人力资源部，而下属公司也相应地设立了人力资源部门，管理混乱。事实证明，多元化经营的复杂业务格局，原有的直线职能制已不适应公司的发展了。

此外，财务管理也很混乱，各个分部独立核算后，都有自己的账户，总公司可控制的资金越来越少。因此，有必要在财务上实行集权。

但是，组织变革意味着利益的重新分配，可能引起管理层的震荡。因此，东方公司的领导层面临考验。

【关键词】

组织变革；直线职能制组织结构；事业部制组织结构

【知识链接】

组织变革是指组织根据内外环境的变化，及时明确组织活动的内容或重点，并据此对组织中的岗位、机构以及结构进行调整，以适应组织未来发展的要求，受整个宏观社会经济环境的变化、科技进步、资源变化和竞争观念的改变等外部环境因素，以及组织机构适时调整的要求、保障信息畅通的要求、克服组织低效率的要求、快速决策的要求和提高组织整体管理水平的要求等内部环境因素的影响。

直线职能制是指在组织内部，既设置纵向的直线指挥系统，又设置横向的职能管理系统，以直线指挥系统为主体建立的两维的管理组织，该组织结构既保证组织的统一指挥，又加强了专业化管理，但存在直线人员与参谋人员关系难协调的问题，目前绝大多数组织均采用这种组织模式。比较适合中小型组织。

事业部制组织结构是指在直线职能制框架基础上，设置独立核算、自主经营的事业部，在总公司领导下，统一政策，分散经营，是一种分权化体制。划分事业部的标志：主要按产品、项目，或地域划分事业部。该组织结构有利于发挥事业部积极性、主动性，更好地适应市场；有利于公司高层集中思考战略问题；有利于培养综合管理人员。但也有指挥不灵，机构重叠，对管理者要求高等缺点。主要适用于面对多个不同市场的大规模组织。

【问题和答案要点】

1. 通过案例，你认为东方公司面临的主要问题是什么？

通过案例分析，东方公司所面临的主要问题是随着公司规模的扩大，直线职能制的组织结构已不再适应目前公司的发展。

2. 东方公司应进行怎样的组织变革？变革后的组织结构形式具有什么特点？

东方公司应结合公司所处的环境（包括外部环境与内部环境）、公司的战略、公司所拥有的技术以及公司目前的规模与公司的生命周期，进行组织变革。

根据东方公司的具体情况，东方公司应设计利用事业部制的组织结构形式。事业部制的组织特点是：对产品生产和销售实行统一管理，自主经营、独立核算，有利于发挥各事业部的积极性、主动性，能更好地适应环境。有利于高层管理者集中精力考虑宏观战略。有利于锻炼和培养综合管理人员。

资料来源：https：//wenku. baidu. com/view/48c70d8717fc700abb68a98271fe910ef02daed2. html.

7.5.2　案例分析2：某高校的组织结构

某高校技术企业按业务的分类，成立了三个针对不同产品的事业部，各事业部下设研发团队、销售团队和技术支持团队，各部门的业务收入和成本都是独立核算的，但需要平摊后勤部门（行政部、人力资源部和财务部）所产生的成本。目前，公司共有 138 人，其中三个事业部 104 人，后勤部门 30 人，高层领导 4 人。由于成立时间不到三年，客户资源还不够稳定，所承接的业务量波动较大。因此，在工作任务繁重时有些员工，尤其是研发和技术人员，会抱怨压力过大，各事业部经理也会抱怨合格人手太少，招聘来的人不能立即适应项目的工作需要，但在工作任务相对较少的时期，经理们又会抱怨本部门的人力成本太高，导致利润率下降。

【问题和答案要点】

1. 绘制该公司的组织结构图。

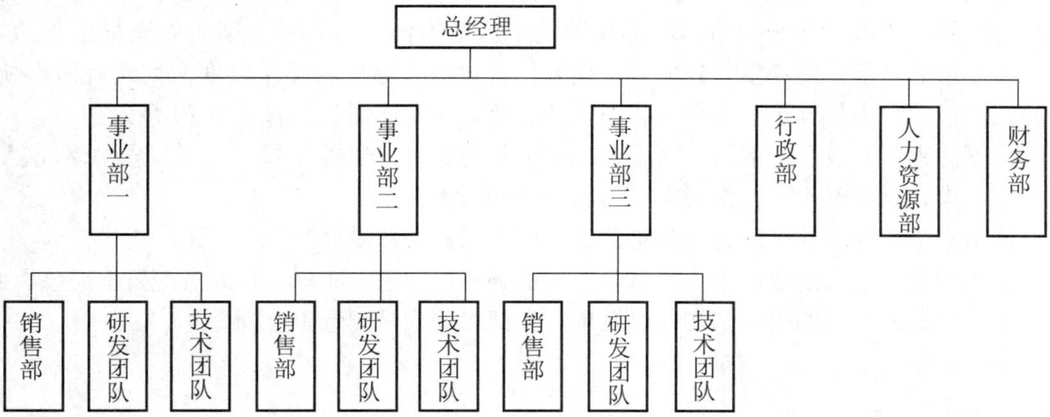

2. 该公司在人员供需状况上遇到了什么问题？请为公司提供解决问题的建议。

问题和建议：

（1）该公司主要面对的是人员供求平衡的问题，存在人员紧缺（供不应求）和人员冗余（供大于求）两种不同情况。

从总体上说首先掌握人员供求关系在时间上变化的大致规律，在时间上要提前为供需变化做准备。

（2）应对人员紧缺时采取的措施：

①修改招聘的标准，增加某些岗位全面适应的要求。

②制订临时人员雇佣计划，但这些人应有一定的稳定性，熟悉公司的开发流程，能尽快进入角色。

③平时加强跨专业技术培训，提高他们的应变能力。

④将技术人员和研发人员相互作为对方的人才储备库，平时在培训上要注意两类职位的相互替补性，能临时适应对方的工作要求。

⑤短缺情况不严重时可用加班方式来处理，但要制定延长工时增加报酬的方式。

⑥改进项目管理方法。从管理机制的角度来提高效率。

⑦将项目外包，在外寻求合作伙伴。

（3）应对人员冗余时采取的措施：

①改进人员评估方法，永久性辞退能力差、工作表现差的员工。

②控制公司的相对规模，其他服务后勤部门的编制过于冗余，增加了管理成本，可考虑服务性外包或合并精简这些部门人员。

③在业务相对清淡的时期，对员工进行针对性的业务培训。

④在业务相对清淡的时期，减少员工的工作时间，适当降低工资水平。

⑤在业务相对清淡的时期，采用多个员工分担一个或几个人的工作任务，减少员工的工作量，降低工资成本。

资料来源：https：//wenku. baidu. com/view/614126e80975f46527d3e1dc. html.

7.5.3 案例分析3：一个小型超市的组织结构诊断

美满超市位于A市的繁华地段，超市虽然不大，但由于占了天时地利，这几年也在市内连续开了3家小连锁超市。由于美满超市选址不错，这3家连锁店人流量也逐渐增长，可超市的日营业额却没有较大幅度提升，营业员普遍反映工作强度太大而跳槽不断，导致该超市营业人员处于长期招聘状态。美满超市三家连锁店共有员工70余人。

三家连锁店共设7个部门，其中采购部编制为5人，配送部15人，人力资源部5人，办公室5人，财务部4人，保安部12人，营业部24人。

该组织结构存在什么问题？若有问题，应该怎样重新设计？

总体判断：超市的业务重心应该是以配送和零售为主，故超市在人员配置上应该以此为重点。而美满超市的组织结构太过繁琐，各部门的人员配置不合理。

【关键词】

组织；组织结构

【知识链接】

组织是两个以上的人在一起为实现某个共同目标而协同行动的集合体。为了保证目标与计划的有效实现，管理者就必须设计合理的组织架构，整合这个架构中不同员工在不同时空的工作并使之转换成对组织有用的贡献。

组织结构是指组织的基本架构，是对完成组织目标的人员、工作、技术和信息所作的制度性安排。

【具体意见】

第一，没有必要设立保安部，且编制达到12人之众。因为美满仅有3个连锁店，超市的职能是卖商品不是抓小偷。

第二，一个小规模超市没有必要设置人力资源部。

第三，作为小企业，一定要尽可能避免冗员，简化管理部门，提高销售效率。

【答案要点】

第一，重新设计美满超市的组织结构，将采购部和配送部合并为采购配送部，以便采购和配送更好地衔接。

第二，将人力资源部、保安部和办公室三个部门合并为办公室统一管理，财务部、营业部不变。

第三，对于各个部门的编制进行了调整，调整后采购配送部有20人，办公室5人，财务部5人，营业部30人，总人数为60人。

改进效果：

第一，新的组织结构方案减少了10名员工，仅工资一项每月就减少支出8000元。

第二，营业部增加了6名员工，每个超市增加2名，缓解一线营业人员的工作强度，跳槽现象也得到了抑制，连招聘费用也省了不少。

【思考与分析】

通过对美满超市的组织结构分析，我们对企业的组织结构有了新的认识。对组织结构理想化的追求往往使一些小企业做出不理智的决策，如上所述，一个小小的超市，竟多达7个部门，光部门经理就有近10人，占企业总人数的15%，这样的一个比例与组织扁平化显然是背道而驰的，也是对先进的组织结构设置的曲解。

7.5.4 案例分析4：杜邦公司的变革

杜邦在200多年的发展历史中，不断进行企业组织机构的变革，其目的在于不断适应企业的经营特点和市场情况的变化。19世纪，杜邦经历过成功的单人决策时期；20世纪初，它开创了集团式经营方式；20世纪20年代，杜邦开始以产品种类设立分公司，各分公司均有会计、供应、生产、销售、运输等职能。分公司经理可以独立自主地统管所属部门的职能。各分公司在明确划定的各个市场中，通过协调从供给者到消费者的流量，使生产和销售一体化，从而使生产和市场需求建立起密切联系。

2002年2月11日，杜邦公司宣布，为促进公司持续发展，组建5个根据市场和技术划分的业务增长平台，并建立一家纺织品和室内用品全资子公司，即DTI公司。新组建的子公司包括尼龙纤维部门、聚酯纤维部门、莱卡部门以及与之相关的中间材料部门和合资企业。杜邦指出，将所有业务部门根据市场和技术重组为6个业务集团，将有助于加快和提高杜邦的科技创新、战略兼并和价值创造。

通过这次拆分，无论是在市场的快速反应上还是在专业性以及明确权责方面，杜邦都将比过去有更大的提高，这些进步将会反映在公司节节攀升的销售业绩上。但实际上，杜邦公司2002年的销售额低于2001年，并且净亏损约11亿美元。2003年9月8日，DTI正式更名为英威达，彻底脱离与杜邦公司的隶属关系。

杜邦出售DTI，拉开了重组的帷幕。杜邦公司重组计划的目的，是使公司部门变得更小、更精干；该计划的特点是，减少工作岗位，整合生产领域以及采取新的采购策略；该计划的目标是，使杜邦公司每年节约成本9亿美元。此外，杜邦公司也将加大对新兴市场的关注，比如对中国、东欧以及巴西的关注，从而帮助公司实现收入每年增长6%的目标。受重组计划的鼓舞，杜邦公司股票在计划宣布后上涨2.26美元。

【关键词】

组织变革内容

【知识链接】

组织变革的内容：

①人员的变革：是指员工在态度、技能、期望、认知和行为上的改变。

②结构的变革：包括权力关系、协调机制、集权程度、职务与工作再设计等其他结构参数的变化。

③技术与任务的变革：包括对作业流程与方法的重新设计、修正和组合，更换机器设备，采用新工艺、新技术和新方法。

【问题和答案要点】

1. 杜邦公司的变革属于组织变革内容的哪个方面？

杜邦公司进行的是组织变革中的结构变革。它在200多年的发展历史中，不断进行企业组织机构的变革。

2. 杜邦公司为什么要进行组织变革？

企业的组织方式应根据环境的变化不断进行调整，企业采取边界向外部市场延伸还是内部分权经营或两者结合运用，首先要看该模式是否适合本企业的发展。同时，随着时间的推移，企业的组织模式并不是一成不变的。至少到目前为止，还没有形成一个完美的组织形式，也就是说，没有哪一种模式是万能的，也没有哪一种模式适合于所有类型的企业。组织应当权衡每种方法的成本和收益。明智的管理者会在企业的发展过程中不断地寻找一种适合其企业的组织结构。

7.5.5 案例分析5：亚通网络公司的冲突

亚通网络公司是一家专门从事通信产品生产和电脑网络服务的中日合资企业。公司自1991年7月成立以来发展迅速，销售额每年增长50%以上。与此同时，公司内部存在着不少冲突，影响着公司绩效的继续提高。

因为是合资企业，尽管日方管理人员带来了许多先进的管理方法，但是日本式的管理模式未必完全适合中国员工。例如，在日本，加班加点不仅司空见惯，而且没有报酬。亚通网络公司经常让中国员工长时间加班，引起了大家的不满，一些优秀员工还因此离开了亚通网络公司。

亚通网络公司的组织结构由于是直线职能制，部门之间的协调非常困难。例如，销售部经常抱怨研发部开发的产品偏离顾客的需求，生产部的效率太低，使自己错过了销售时机；生产部则抱怨研发部开发的产品不符合生产标准，销售部门的订单无法达到成本要求。

研发部胡经理虽然技术水平首屈一指，但是心胸狭窄，总怕他人超越自己。因此，常常压制其他工程师，这使得工程部人心涣散，士气低落。

【关键词】

冲突

【知识链接】

冲突是指组织内部成员之间、不同部门之间、个人与组织之间由于在工作方式、利益、性格、文化价值观等方面的不一致导致彼此相抵触、争执甚至攻击等行为。无论是竞争胜利还是竞争失败，组织冲突都会存在两种截然不同的结果：建设性冲突和破坏性冲突，建设性冲突是指组织成员从组织利益角度出发，对组织中存在的不合理之处提出意见等。破坏性冲突是指由于认识上的不一致、组织资源和利益分配方面的矛盾，员工发生相互抵触、争执甚至攻击等行为，从而导致组织效率下降，并最终影响到组织的发展。

【问题和答案要点】

1. 亚通公司的冲突有哪些？原因是什么？

（1）首先，亚通公司的管理层与中国员工之间的冲突。这种冲突存在于不同组织层次之间，我们称之为纵向冲突，它属于群际冲突。产生这种冲突的原因有多种，在这里主要有：

①权力与地位：管理层运用行政权力要求员工加班，但没有给予任何报酬作为补偿；而员工则没有（充分的）权力维护自身的利益。

②价值观不同：中国的员工在价值观上不同于日本的员工，要求员工（长时间）加班，如果没有相应的报酬，一般很难调动员工的积极性，久而久之就会削弱员工的工作动机强度。

③资源缺乏：管理的重要性很大程度上体现在对资源的合理配置，而可用的资源总是有限的。要求员工加班，通常需要提供合理的加班费作为补偿；而主管们则希望把人力成本维持在一个较低的水平。

（2）其次，各部门之间的冲突。这种冲突存在于统一组织层次不同部门之间，我们称之为横向冲突，它是另一种群际冲突。由于亚通采用的组织结构是直线职能型，出现这种类型的冲突就不足为怪了。

产生这种冲突的原因主要有：

①任务相互依赖：由于各部门之间存在着任务依赖性，而组织结构的先天缺陷却削弱了各部门之间必要的沟通量，从而导致任务的不协调。它们的部门间关系是团队关系。

②目标不相容：各部门都存在着自己的绩效目标，例如销售部希望增加产品线的广度以适应多样化的市场需求，生产部则希望减少产品线的广度以节省成本，即销售部门的目标是顾客满意，生产部门的目标是生产效率。

(3) 最后，我们来看看胡经理与其下属之间的冲突。这种冲突存在于两个或两个以上的个体之间，我们称之为人际冲突。

产生这种冲突的原因也是多种的，在这里主要有：

①人格特质：优秀的员工未必能成为优秀的经理。盖洛普对此给出两种解释：其一与当事人的独特优势相关；其二与他们当经理的动机相关。

②缺乏信任：人与人之间越是相互猜疑，越会产生冲突；越是信任对方，越能互相合作。胡经理心胸狭窄，总是担心别人超越自己，抢了自己的饭碗。这会极大地影响团队的凝聚力，导致团队效率低下。

③归因失误：当个体的利益受到他人的侵害，他/她就会弄清对方为什么如此行动。如果确认对方是故意的，就会产生冲突和敌意；如果对方不是故意的，冲突发生的概率就会很少。没有（良性）竞争就没有进步，如果错误地把良性的竞争归因为恶性的竞争，就会出现各种误会和冲突。归因行为在很大程度上依赖于人格特质与行为动机，而且，归因失误还会导致信任程度减弱。胡经理的担心其实是不必要的。

在所有的这三点原因中，人格特质是最为关键的，如果胡经理真的不适合作为一名管理者，企业只好考虑换掉胡经理。体面地替换胡经理所引起的问题有多种方法，企业可以试探他的工作动机，再结合盖洛普的优势识别器把握他的人格特质，设计合适的报酬机制来重新吸引并激励胡经理。

2. 如何解决亚通公司存在的冲突？

管理层应该根据具体的情况合理地设计报酬系统，重新激发员工的积极性，并在人力成本与员工绩效之间取得一个动态平衡。企业通过信息管理系统来促进信息的流通，让各部门及时得到有用的数据。企业可以实施关联性绩效评估，把具有依赖性部门的绩效关联起来。如果某些部门只顾实现自身绩效，而不顾与之关联的部门的绩效，就不能达到整体平衡，实现整体最优绩效。这样即使自身绩效达到最优，绩效评级也不会高。

资料来源：魏江，严进．管理沟通：成功管理的基石［J］．北京：机械工业出版社 2006：438.

7.5.6 案例分析6：IBM的组织文化

IBM（国际商用机器公司）是有明确原则和坚定信念的公司。这些原则和信念似乎很简单，很平常，但正是这些简单、平常的原则和信念构成IBM特有的企业文化。

IBM拥有40多万名员工，年营业额超过500亿美元，几乎在全球各国都有分公司，其分布之广，莫不让人惊叹不已，其成就莫不令人向往。若要了解一个企业，你必须要了解它的经营观念。许多人不易理解，为何像IBM这么庞大的公司会具有人性化的性格，但正是这些人性化的性格，才造就了IBM不可思议的成就。老托马斯·沃森在1914年创办IBM公司时设立过“行为准则”。正如每一位有野心的企业家一样，他希望他的公司财源滚滚，同时也希望能借此反映出他个人的价值观。因此，他把这些价值观标准写出来，作为公司的基石，任何为他工作的人，都明白公司要求的是什么。老沃森的信条在其儿子的时代更加发扬光大，小托马斯·沃森在1956年任IBM公司的总裁，老沃森所规定的"行为准则"，由总裁至收发室，没有一个人不知晓，如：

（1）必须尊重个人。

（2）必须尽可能给予顾客最好的服务。

（3）必须追求优异的工作表现。

这些准则一直牢记在公司每位人员的心中，任何一个行动及政策都直接受到这三条准则的影响，"沃森哲学"对公司的成功所贡献的力量，比技术革新、市场销售技巧，或庞大财力所贡献的力量更大。

【关键词】

组织文化

【知识链接】

组织文化是指组织在长期的实践活动中所形成的并且为组织成员普遍认可和遵循的具有本组织特色的价值观念、团体意识、工作作风、行为规范和思维方式的总和。

组织文化的结构：

潜层次的精神层指组织文化中的核心和主体，是广大员工共同而潜在的意识形态。

表层的制度系统又称制度层，指体现某个具体组织的文化特色的各种规章制度、道德规范和员工行为准则的总和。

显现层的组织文化载体又称物质层，指凝聚着组织文化抽象内容的物质体的外在显现，是组织文化最直观的部分，也是人们最易于感知的部分。

【问题和答案要点】

沃森父子的管理手法符合哪一种管理原理？

的确，沃森父子托起了IBM蔚蓝色的天空，铸造了IBM的辉煌。他们成功地将企业文化转化成了感召力，引导企业向目标迈进；转化为约束力，来规范企业员工的行为；转化为鼓动力，激励员工创造高效率；转化为调节力，创造企业温馨而又高尚的氛围，从而产生了巨大的创造力及价值。

7.5.7 案例分析7：石家庄化肥集团

石家庄化肥集团（下面简称集团）始建于1957年，1964年投产。是我国第一家自行设计、制造、安装的全循环尿素生产样板厂，是我国首家研制成功并工业化生产多孔粒状硝酸铵的企业。后期集团受到煤炭资源、资金、体制、管路等多方面的因素影响，生产经营陷入困境，到2003年出现亏损，亏损金额高达8000多万元，欠发一个月工资，集团一度濒临破产。经过集团的改制之后，局面发生了较大的改变。

集团与山西晋煤矿业集团在合资合作洽谈会上达成合作意向，这也是集团的一次转机。在多方面的协商和支持下双方开始合资合作、企业改制谈判，经过多次协商，最终签订了相关的协议。8月16日，晋煤集团进驻企业实行托管，9月6日正式注册成立石家庄金石化肥有限责任公司。此次改制给集团带来了发展资金，带来了新的管理理念，使企业发生巨大的变化，成立当年就扭亏为赢。

【关键词】

组织；组织结构；组织文化；组织结构变革

【知识链接】

组织文化是指组织在长期的实践活动中所形成的并且为组织成员普遍认可和遵循的具有本组织特色的价值观念、团体意识、工作作风、行为规范和思维方式的总和。

组织文化的结构：

潜层次的精神层指组织文化中的核心和主体，是广大员工共同而潜在的意识形态。

表层的制度系统又称制度层，指体现某个具体组织的文化特色的各种规章制度、道德规范和员工行为准则的总和。

显现层的组织文化载体又称物质层，指凝聚着组织文化抽象内容的物质体的外在显现，是组织文化最直观的部分，也是人们最易于感知的部分。

组织变革是指组织根据内外环境的变化，及时明确组织活动的内容或重点，并据此对组织中的岗位、机构以及结构进行调整，以适应组织未来发展的要求，受整个宏观社会经济环境的变化、科技进步、资源变化和竞争观念的改变等外部环境因素，以及组织机构适时调整的要求、保障信息畅通的要求、克服组织低效率的要求、快速决策的要求和提高组织整体管理水平的要求等内部环境因素的影响。

组织是两个以上的人在一起为实现某个共同目标而协同行动的集合体。为了保证目标与计划的有效实现，管理者就必须设计合理的组织架构，整合这个架构中不同员工在不同时空的工作并使之转换成对组织有用的贡献。

组织结构是指组织的基本架构，是对完成组织目标的人员、工作、技术和信息所作的制度性安排。

【问题和答案要点】

集团会通过何种措施去解决这些问题，如何扭转这种局面？

通过以下的措施去解决这种问题：

（1）企业加强宣传力度以大会、广播、厂报、宣传栏等多种形式反复向员工灌输发展意识、危机意识、效益意识，注重培养市场竞争、适者生存观念。

（2）通过安排相关人员到一些优秀企业进行考察，让员工发现自己与别人的差距，同时开阔眼界。鲜明的对比会逐渐在员工的潜意识中形成强烈的震撼，逐渐激发员工的工作潜能，将来能为企业的发展出谋划策。

（3）将企业制度进行完善，但更为重要的是要将制度落实，严格管理。首先，领导者要以身作则；其次，对于制度的违反者的处罚一定要落实，要让员工明白这不是闹着玩的，是动真格的。

（4）企业管理理念应注重以人为本。其实在意义就是尊重每一位员工，时刻把员工放在第一位，注重员工的需求。

（5）培养具有创新精神的企业家团队。强调企业家需要具有：一是创造性思维，能让管理工作有合理的前瞻性、科学性；二是风险意识，有远见，不怕失败，敢做超前的工作；三是创新技巧，在具有创造思维和不怕风险的同时还必须有科学依据，具有一定的可操作性。

组织结构的创新，组织形式为扁平化，该结构能够增强组织的灵活性，快速地做出决策意味着更高的员工满意度，能激发员工的积极性。另一方面也节约了管理费用。

7.6 管理游戏：在新工作环境中达成协调一致

形式：集体参与。

时间：1 小时。

材料：幻灯片、课堂资料。

场地：不限。

应用：团队适应性培养。

目的：

◇ 阐明团队在新工作环境中健康生存所需的各种类型的行为和工作风格。

◇ 检验个人和团队行为是否与新的要求一致。

◇ 使员工适应改变，从而提升团队在新的工作环境中健康成长的能力。

程序：

（1）检查旧的环境和新的环境的差别，使用幻灯片。

（2）发课堂资料“从新环境到旧环境的转变”。

（3）请团队成员单独完成表格，大约 10 分钟时间。

（4）请参加者分享他们的观察所得。

注意：教师也许需要激发参与者去思考。因为对于参加者而言，说“是的，我们正在做我们需要做的每一件事情，”并找一个小的例子去支撑这个说法是很容易的事情。

讨论：

（1）团队成员能够做什么去保证团队在新的环境下与工作要求保持一致呢？

（2）从回应中我们可以得到一份承诺的表格并以此行动。概括并提炼使之统一。

总结与评估：

在弹性组织中，在一个人或他的团队完成一个任务时，总会注意到“自己是在一个系统里工作，他的行为也就直接或间接地、短期之内或更长的时期都会受到组织中其他人的影响。”

为了在新的经济环境下获得成功，企业和其人员必须发展新的工作模式和运作方式，这些基本上和传统的组织规范是完全相反的。

通过这个游戏，成员们对于在新环境工作中对共识性有了更好的理解，并在以更高效力来支持团队运作。

附录：

参与者工作表单

检查旧环境和新环境的特性。对于每个你们想在小组中证明的特性，举出你认为能够反映那些特性而做出的行为/行动/决定。

传统行为和特征（在工作经济中表现的）

内视	证据：
纵向	证据：
注意力集中于任务	证据：
人员和工作都相互隔离	证据：
外视	证据：
横向	证据：
平衡在任务和过程上的注意力	证据：
人员和工作是系统或网络的一部分	证据：

指出你认为在新环境工作中你们团队在协调运作上的等级。

1 2 3 4 5 6 7 8 9 10

资料来源：http：//www.doc88.com/p－7989530090783.html.

第 8 章 领导理论

8.1 小组展示主要内容

教师按照教学大纲的要求，将本章重点知识分派给各小组，要求各小组以 PPT 形式将主要知识点向全体成员展示，主要内容如下：

（1）领导权力来源；

（2）领导风格类型；

（3）领导特性论、领导行为论、领导情境论。

8.2 团队训练

8.2.1 团队训练 1

每个团队找一位大家感兴趣的国内外知名企业家，通过上网或阅读书籍收集相关资料，包括企业家生平简介、个性特征、成功原因分析和关键事件等，讨论他或她作为管理者，具备哪些素质和能力，在管理过程中又分别扮演了哪些角色？最后将这些出色的管理者的特征列在一张表上，并以 PPT 形式在团队之间进行交流。

8.2.2 团队训练 2

团队至少找出两位受媒体关注的公司领导人或国家领导人，运用所学的领导理论来分析这些领导者的个人特质、领导风格和权力来源，进而说明他们作为领导者的成功或失败之处，然后与其他团队共同讨论、交换看法。

8.2.3 团队训练 3

以小组为单位找一位古今中外最感兴趣或认为最优秀的领导者，然后通过具体事件分析其领导素质及领导风格，用 PPT 到讲台讲述。

8.3 管理情景模拟

百雀公司是一家成立三年的公司，这天正好是例会时间。

公司总经理王总带头发言，“上个季度我们公司的盈利比上上个季度高了三成，大家做得都很不错，值得鼓励，继续加油。另外，今天正好是咱们财务主管小林的生日，等下开完会之后大家一起为小林过个生日，顺便庆祝一下公司上个季度的好成绩，我请客!”

“好!”所有人都很高兴地鼓起了掌。

“那好，接下来说正事。陈经理，说一下你们研发部最近的情况吧。”王总问研发部经理小陈。

“我们研发部现在正在研发两样产品，一个是面膜，另一个是眼霜。面膜已经研制成功了，眼霜也差不多了，但是目前我们的眼霜功效只能说是在市面上排中上的，要想研制出更好的产品，我们的技术还需要再提高一点，而且预算经费可能不够。现在我们是要把面膜跟眼霜一起上市，再继续提高眼霜质量呢，还是先上市面膜，等眼霜完全研制好了再上市?”陈经理将研发部的近况一一道出，也顺便提出了他的疑问。

【模拟事项】

假设你是王总，你会怎样进行决策？决策依据是什么？

8.4 管理辩论

8.4.1 管理辩论1：优秀的管理者重在管人还是管事

【背景资料】

有的领导常会说“把人给我管住”，因为从日常的经验来说，管理通常被人们定义为“管人理事”，事，都是人做的，管好了人，也就管好了事；也有的领导认为，管理者更重要的是要清晰地界定必须要做的事情，以及做事的标准，让每一层管理者确定下一层级管理者所要做的事情，所以管事比管人重要。

【知识链接】

人具有能动性、多样性和差异性的特点，人不但会学习，而且会发问，会探索，会创新。一切有战略眼光的企业家都把人才看得高于一切。管好下属，打造一支属于自己的团队，然后让事情掌握在自己手中。

管理就是企业内部管理者与资源的结合，去实现目标、共同处理好某一事件的过程。

【辩论评论】

人是很难管的，每个人都是一个单独的、具有个性的生命个体，他们各自有自己的思维方式，遇事有自己的处理方法。人与人之间的关系不是管与被管的关系，应当是平等的，以完成某一目标为方向，达成协议、友好合作的关系，这样才能做好一个企业大大小小的事情。

8.4.2　管理辩论2：企业竞争的实质是文化的竞争还是人才的竞争

【辩论背景】

改革开放以来，我国企业文化建设在理论上与实践上取得了很大成绩，对我国特色社会主义建设和促进国民经济发展都起到了积极作用。在知识经济的今天，企业文化在企业的市场竞争中的重要作用引起了人们的关注和讨论。

【知识链接】

企业文化是指企业在长期生产经营活动中确立的，被企业全体员工普遍认可和共同遵循的企业的价值体系、基本信念及企业组织行为规范的总和，具有导向功能、凝聚功能、激励功能和教育功能。它体现为企业价值观、经营理念和行为规范，渗透于企业的各个领域。通过企业文化的建设实施，使企业人文素质得以优化，归根结底是推进企业竞争力的提高，促进企业经济效益的增长。人才就是有一定的知识技能而且是对企业的发展做出贡献的人。

【辩论评论】

以人为本是科学发展观的核心，也是企业文化的本质。要认真研究新形势下企业文化建设的特点和规律，用科学发展观指导企业文化管理机制，创新开辟新途径、探索新方法，使企业文化的内涵不断丰富、传播形式更具时代特色、方法手段更为群众所喜闻乐见，使企业文化建设迈向新台阶。

资料来源：https：//wenku. baidu. com/view/dc061e28647d27284b735188. html？from = search.

8.5　案例分析

8.5.1　案例分析1：蓝天公司的领导方式

蓝天技术开发公司由于在一开始就瞄准成长的国际市场，在国内率先开发出某高技术含量的产品，其销售额得到了超常规的增长，公司的发展速度十分惊人。然而，在竞争对手如林的今天，该公司和许多高科技公司一样，也面临着来自国内外大公司的激烈竞争。当公司经济上出现了困境时，公司董事会聘请了一位新的常务经理欧阳健负责公司的全面工作。而原先的那个自由派风格的董事长仍然留任。欧阳健来自一家办事古板的老牌企业，他照章办事，十分古板，与蓝天技术开发公司的风格相去甚远。公司管理人员对他的态度是：看看这家伙能呆多久！看来，一场潜在的“危机”迟早会爆发。

第一次“危机”发生在常务经理欧阳健首次召开的高层管理会议上。会议定于上午9点开始，可有一个人姗姗来迟，直到9点半才进来。欧阳健厉声道：“我再重申一次，本公司所有的日常例会要准时开始，谁做不到，我就请他走人。从现在开始一切事情由我负责。你们应该忘掉老一套，从今以后，就是我和你们一起干了。”到下午4点，竟然有两名高层主管提出辞职。

然而，此后蓝天公司发生了一系列重大变化。由于公司各部门没有明确的工作职责、目标和工作程序，欧阳健首先颁布了几项指令性规定，使已有的工作有章可循。他还三番五次地告诫公司副总经理徐钢，公司一切重大事务向下传达之前必须先由他审批，他抱怨下面的研究、设计、生产和销售等部门之间互相扯皮、踢皮球，结果使蓝天公司一直没能形成统一的战略。

欧阳健在详细审查了公司人员工资制度后，决定将全体高层主管的工资削减10%，这引起公司一些高层主管的不满。

研究部主任这样认为：“我不喜欢这里的一切，但我不想马上走，因为这里的工作对我来说太有挑战性了。”

生产部经理也是个不满欧阳健做法的人，可他的一番话颇令人惊讶：“我不能说我很喜欢欧阳健，不过至少他给我那个部门设立的目标我能够达到。当我们圆满完成任务时，欧阳健是第一个夸奖我们干得棒的人。”

采购部经理牢骚满腹。他说：“欧阳健要我把原料成本削减20%，他一方面拿着一根胡萝卜来引诱我，说假如我能做到的话就给我丰厚的奖励。另一方面则威胁说如果我做不到，他就换人。但干这个活简直就不可能，欧阳健这种‘大棒加胡萝卜’的做法是没有市场的。从现在起，我另谋出路。”

但欧阳健对被人称为“爱哭的孩子”销售部胡经理的态度则让人刮目相看。以前，销售部胡经理每天都到欧阳健的办公室抱怨和指责其他部门。欧阳健对付他很有一套，让他在门外静等半小时，见了他对其抱怨也充耳不闻，而是一针见血地谈公司在销售上存在的问题。过不了多久，大家惊奇地发现胡经理开始更多地跑基层而不是欧阳健的办公室了。

随着时间的流逝，蓝天公司在欧阳健的领导下恢复了元气。欧阳健也渐渐地放松控制，开始放手让设计和研究部门去干事。然而，对生产和采购部门，他仍然勒紧缰绳。蓝天公司内再也听不到关于欧阳健去留的流言蜚语了。大家这样评价他：欧阳健不是那种对这里情况很了解的人，但他对各项业务的决策无懈可击，而且确实使我们走出了低谷，公司也开始走向辉煌。

【关键词】

专制型领导风格；民主型领导风格；领导权变理论；员工导向型领导方式；工作导向型领导方式

【知识链接】

集权式领导者就是把管理的制度权力相对牢固地进行控制的领导者。民主式领导者的特征是向被领导者授权，鼓励下属的参与，并且主要依赖于其个人专长权和模范权影响下属。

菲德勒认为不存在一种“普遍适用”的领导方式或领导风格，领导工作强烈地受到领导者所处的客观环境的影响，领导方式是领导者特征、追随者特征和环境的函数，菲德勒将权变理论具体化为三个方面：职位权力、任务结构和上下级关系。

工作导向型——关心工作的过程和结果，下属只是实现目标或任务绩效的工具。

员工导向型——关心员工，有意识地培养与高绩效的工作群体相关的人文因素，重视人际关系。

【问题与答案要点】

1. 欧阳健进入蓝天公司时采取了专制式的领导方式，而留任的董事长的领导方式是属于放任式的。

两者的不同在于：前者指领导者个人决定一切，布置下属执行。这种领导者要求下属绝对服从，并认为决策是领导者个人的事情；后者指领导者撒手不管，下属愿意怎样做就怎样做，完全自由。这种领导者的职责仅仅是为下属提供信息，并与外部联系，以利于下属工作。欧阳健对研究部门和生产部门各自采取了关系型和任务型的领导方式。当蓝天公司各方面的工作走向正轨后，为适应新的形势，欧阳健的领导方式变为以关系型为主，在某些场合也不放弃使用任务型的领导方式。

根据菲德勒的领导权变理论，领导者究竟应该采取什么样的领导方式，取决于领导者的特征、被领导者的特征和领导环境等因素。领导环境又取决于：职位权力、任务结构、上下级关系这三大因素。

菲德勒通过研究分析得出这样的结论，当领导环境较好或差时，应采用任务型的领导方式，而当领导环境中等时，应采用关系型的领导方式。因此，欧阳健在不同的领导环境下所采取的上述领导方式是有其理论根据的。

2. 持这种观点的人通常会采用任务型的领导方式，所谓的“亲密无间”会松懈纪律的提法实际上是将“员工导向型”和“工作导向型”对立起来了，“亲密无间”与纪律松懈并无直接的因果关系。欧阳健在蓝天公司走上正轨后，所采取的以关系型为主，同时在某些场合也不放弃使用任务型的领导方式就是最好的例证。

另外，领导的权变理论揭示，同样一种领导行为方式在某种环境下是最好的，但在另一环境下则可能效果不佳。故并不存在所谓“放之四海而皆准”的最好领导行为方式。如在同一时期，欧阳健对生产部门采取的是任务型的领导方式，而对研究部门采取的却是关系型的领导方式。当蓝天公司各方面的工作走向正轨后，为适应新的形势，欧阳健的领导方式又变为以关系型为主，在某些场合也不放弃使用任务型的领导方式。可见欧阳健的领导方式是复合型的。

资料来源：https：//wenku. baidu. com/view/fca57777f78a6529647d53df. html？ from = search.

8.5.2 案例分析2：某局长的困境

由于长期工作效率低下，某县农业局实行了首长负责制，设立了一位局长和两位副局长。该局长为人正派，思想端正，工作经验丰富，判断决策能力强。他认为，既然是首长负责制，那就应该他一人说了算，因此有什么事也不与两个副局长商量。结果，共事才一年，两个副局长就对他怨声不断，关系紧张，而且整个局里工作不但不见起色，还更糟糕。

【关键词】

专制型领导风格

【知识链接】

专制型领导风格，亦称集权式或者独裁式风格，权利掌握在领导者个人手中，偏重于运用集权推行工作，而不注意授权。

【问题和答案要点】

1. 该案例中农业局的决策是否稳妥?

答：首长负责制有其自身的缺点和不足，由于一个人的知识、智慧、能力和精力有限，考虑问题和处理事情会有失误，所以我们应该借助其他领导体制的类型（如委员长制），正如本案中为正局长设置了两个副手，那么在大多数情况下可以集思广益，减少决策失误，并可以相互监督，避免个人专断和滥用职权。

2. 该案例中的局长属于哪种领导方式？这种类型的优点和缺点分别是什么?

答：属于专制型领导风格。它的优势在于通过完全的行政命令，使管理的组织成本在其他条件不变的情况下，低于在组织边界以外的交易成本，可能获得较高的管理效率和良好的绩效，但长期将下属视为某种可控制的工具，不利于他们职业生涯的良性发展。

8.5.3 案例分析3：林肯与格兰特

美国南北战争期间，林肯先后选用了四位将军，他们都没有什么明显的缺点。尽管北方军队有人力、物力上的绝对优势，但从1861年到1864年三年多的时间里，却屡屡受挫。与此相反，南军首领罗伯特·李手下的每一位将领，从杰克逊开始，几乎每个人都有各自严重的缺点，但是他认为这些缺点不碍大局，而他们每个人也各有所长。林肯所任用的“完美无缺”的人一次又一次败在罗伯特·李将军的“缺点”将领的手下。林肯总统觉悟了，终于任命满身是“缺点”的格兰特将军为总司令，格兰特将军嗜酒如命。林肯也知道嗜酒误事，但是他更知道在北方军队所有的将领中，只有格兰特能运筹帷幄，以往的战绩证明他能决胜千里，对格兰特将军的任命，正是美国南北战争的转折点。

【问题】

案例启示在哪里?

8.5.4 案例分析4：泰德·特纳

“要么领导，要么服从，别无他途。”这是著名的美国有线电视新闻网CNN（Cable News Network）的创始人泰德·特纳（Ted Turner）的座右铭。

显然，在领导与服从之间，特纳选择了领导。

由此可见，领导对于一个人，特别是对于一个成功者的重要性。正是特纳的选择，使得他在一次又一次的大胆冒险中，领导着他的公司创立了巨大的新闻帝国。

1963 年，泰德·特纳 24 岁时，中断了其在布朗大学的学业，开始了他作为领导的第一步——经营家中濒临倒闭的广告企业。

由于他卓越的领导才能，经过短短几年，就使得企业有了明显的转机。

在以后的企业经营活动中，他不断出击，充分展示了其领导才能。

首先，他购买了亚特兰大的一家独立电视台，将之更名为“超级电视台”，并经营得有声有色。

一年之后，他又买下了亚特兰大的勇敢者棒球队，与他的电视台互相配合，互相支持，并且将最新的卫星转播技术应用到有线电视台的经营活动中，不但使电视台获得了巨大的成功，而且勇敢者棒球队也得以跻身于世界强手之列。

1981 年，特纳以其敏锐的目光认定 24 小时新闻直播必有市场，于是不顾其他人的反对，运用其全部的财力创办了著名的美国有线电视新闻网（CNN）。

在 CNN 的经营活动中，特纳获得了意想不到的成功，并且由于 1991 年对海湾战争的报道而赢得了无数赞誉。

1996 年，他再次投资，买下了联合艺术家电影图书馆，再一次以其出众的领导才能证明了反对者们的错误，他的电视台也因为上演经典影片而获得巨大的成功。

泰德·特纳以其出类拔萃的领导才能，以及发现别人看不到的机遇和大胆追求成功的能力，使其明显地区别于一般的企业家。

他的领导才能还在 1979 年的美国世界杯（棒球）赛场上得到了展示，在 1993 年 1 月的时代周刊上被授予“年度先生”的称号。

CNN 于 1995 年被时代华纳收购

2000 年，时代华纳与美国在线（AOL）合并，成为美国在线——时代华纳。

1995 年，在他把 CNN 卖给时代华纳之时，人们都奇怪他为什么不与华纳的总裁莱文争夺第一把交椅。对此泰德·特纳的解释是：“我当 CEO 已经有 33 年了，对任何人来说这都是个相当长的时间。我想尝尝做第二名的滋味。”

据报道，他的农场大概有 2.7 万头野牛，占了世界上野牛总数的 1/10，他已成为世界上拥有美洲野牛最多的人。

他这样评价自己的成就：“我是世界上最伟大的帆船运动员。我只差一点就成了世界上最强大的企业家和最伟大的生态学家。我试图打破一项记录，那就是成为一生中完成了最多事业的人。我的竞争对手是亚历山大大帝、拿破仑、甘地、基督、穆罕默德、佛祖释迦牟尼、乔治·华盛顿……”

【关键词】

领导特性论；有效领导

【知识链接】

领导特性论认为，领导者具有某些共同的特性，但领导者这些特性并不是先天具有的，而是后天形成的。他们是通过努力学习和在实践中长期艰苦锻炼，才逐渐成为有效领导者的。

作为有效领导者，一般具有以下几个方面的共同特性：

（1）努力进取，渴望成功；

（2）具有强烈的权力欲望；

（3）正直诚信，言行一致；

（4）充满自信；

（5）追求知识和信息。

【问题和答案要点】

特纳身上体现的优秀领导素质有哪些？

决策能力、洞察力、胆识、有远见、努力进取、渴望成功。

8.5.5 案例分析5：约翰松的领导方式

20世纪80年代末，坎贝尔汤料公司（Campbell Soup）被利润下降、市场份额少、领导无方所困扰。自从1990年戴维·约翰松接任首席执行官，公司利润大幅提高，新产品不断问世，销量急剧增加。这些业绩不易取得，因为约翰松需要出色地领导分布在全球各地的44 000多名公司员工。

约翰松的领导方式是非正式的，他和所有员工打成一片。他定期和员工一起就餐，谈论新产品的开发和工作中遇到的问题。每当员工提出一项开发新产品的建议时，约翰松就授权该员工组建一个工作团队来开发该项新产品。成功后，约翰松会和他们一起庆祝。

为了让公司成为全球食品行业的领导者，约翰松让员工把注意力集中在数字上，即利润比竞争对手如雀巢公司增长得更快。相应地，员工工资的增长是建立在公司利润额增长的基础之上的。同时，员工被激励以公司的股东身份来工作与思考。例如，约翰松要求300名高级主管拥有超过年薪3倍的公司股票，公司董事不拿工资，只分红利。

【关键词】

有效领导者

【知识链接】

作为有效领导者，一般具有以下几个方面的共同特性：

（1）努力进取，渴望成功；

（2）具有强烈的权力欲望；

（3）正直诚信，言行一致；

(4) 充满自信;

(5) 追求知识和信息。

【问题和答案要点】

案例启示?

分析:约翰松是一名有效的领导者。

第一,他为坎贝尔汤料公司描绘了一个远景,即通过高质量的新产品成为一个竞争力强、盈利性高的全球食品行业的领导企业。

第二,他通过沟通、授权、激励等手段让公司员工为实现公司的远景而努力工作,并赢得了员工的合作、承诺、忠诚和尊重。

8.5.6 案例分析6:哪种领导类型更有效

ABC公司是一家小型家电产品公司。最近,该公司对几个所属部门进行了一次有关领导类型的调查。负责生产的王经理认为,无论在何种情况下,完成生产任务是第一要务,因此实行对生产过程、产品质量的严格管理,每次接到生产任务,都迅速下达到车间,要求车间按时完成,如果不能完成,必将进行处罚,已有4位车间主任因未及时完成任务而遭到解职,解雇工人更是时有发生。他对自己的行为很满意,也对本部门的业绩感到自豪。

负责研发的张经理认为,公司要充分尊重研发人员的积极性和创造性,要给他们充分的自由和空间,给他们分配了研发任务后,就让研发人员以自己的方式去完成,不要老去检查他们、监督他们,要信任他们,要多给他们支持和鼓励。他相信大多数员工知道如何把自己的工作做好,会自觉完成自己的研发任务。

负责销售的李经理强调,公司要取得好的销售业绩,一定要给销售人员施以足够的压力。他每年都制订详细的销售计划,并把计划分解到个人,要求销售人员每周都要向他汇报销售情况。每次员工生日,他都会亲自送去生日蛋糕,并给员工放假半天,当员工家里遇到什么困难时,他也总是热情帮助解决。几年来,他的销售队伍很乐意和他一起工作,年年都超额完成销售任务。

【关键词】

管理方格理论

【知识链接】

管理方格理论亦称管理坐标理论,是由美国学者布莱克和穆顿提出的。在这种领导理论中,首先把管理人员按他们的绩效导向行为(对生产的关心)和维护导向行为(对人员的关心)进行评估,给出等级分值,然后以此为基础,把分值标注在两个维度坐标界面上,并在这两个维度坐标上划分出9个等级,从而生成81种不同的领导类型。管理方格理论有(1.1)型,贫乏型;(9.1)型,任务型;(1.9)型,俱乐部型;(9.9)型,团队型;(5.5)型,中间型等五种主要领导方式。

【问题和答案要点】

1. 根据管理方格理论，这三位部门经理的领导行为分别属于哪种类型？你判断的理由是什么？

负责生产的王经理属于任务型，他只注重生产任务的完成，而不重视下属的发展和士气，不关心人的因素；负责研发的张经理属于俱乐部型，他只注重支持和关怀下属，而不关心任务和效率，认为只要员工精神愉快，任务自然会完成；负责销售的李经理属于团队型，他既关心任务又关心人，通过关心员工，充分发挥员工的智慧来完成。

2. 请你进一步评价管理方格理论五种典型领导行为的效果。

在管理方格理论五种典型领导行为中，贫乏型效果最差，俱乐部型次差，中间型和任务型在不同情境下的效果不同，团队型的效果最佳。

资料来源：专插本《管理学》考试试题。

8.5.7 案例分析7：权变管理理论

在20世纪80年代，艾珂卡因拯救濒临破产的美国汽车巨头之一——克莱斯勒公司而名声鹊起。今天，克莱斯勒公司又面临另外一场挑战：在过热的竞争和预测到的世界汽车产业生产能力过剩的环境中求生存。为了度过这场危机并再次成功地进行竞争，克莱斯勒不得不先解决以下问题：

（1）首先，世界汽车产业的生产能力过剩，意味着所有汽车制造商都将竭尽全力保持或增加它们的市场份额。美国的汽车公司要靠增加投资来提高效率，日本的汽车制造商也不断在美国建厂。欧洲和韩国的厂商也想增加他们在美国的市场份额。艾珂卡承认，需要对某些车型削价，为此，他运用打折和其他激励手段来吸引消费者进入克莱斯勒的汽车陈列室。可是，艾珂卡和克莱斯勒也认为，价格是唯一得到更多买主的方法。

（2）但从长期性来看，这不是最好的方法。克莱斯勒必须解决的第二个问题是改进它所生产汽车的质量和性能。艾珂卡承认，把注意力过分集中在市场营销和财务方面，而把产品开发拱手让给了其他厂家是不好的。他还认识到，必须重视向消费者提出的售后服务的高质量。艾珂卡的第三个问题是把美国汽车公司（AMC）和克莱斯勒的动作结合起来。兼并美国汽车公司意味着克莱斯勒要解雇许多员工，这包括蓝领工人和白领阶层。剩余的员工对这种解雇的态度从愤怒到担心，这给克莱斯勒的管理产生巨大的压力：难以和劳工方面密切合作、回避骚乱，确保汽车质量和劳动生产率。

（3）为了生存，克莱斯勒承认，公司各级管理人员和设计、营销、工程和生产方面员工应通力协作，以团队形式开发和制造与消费者的需要相匹配的质量产品。克莱斯勒的未来还要以提高效率为基础。今天，克莱斯勒一直注重降低成本、提高质量并靠团队合作的方式提高产品开发的速度，并发展与供应商、消费者的更好关系。在其他方面，艾珂卡要求供应商提供降低成本的建议——他已收到上千条这样的提议。艾珂卡说，降低成本的关键是“让全部1万名员工都谈降低成本。”

艾珂卡现已从克莱斯勒公司总裁的职位退休。有些分析家开始预见克莱斯勒的艰难时光。但一位现任主管却说，克莱斯勒有一项大优势：它从前有过一次危机，却度过了危机并生存下来，所以，克莱斯勒能够向过去学到宝贵的东西。

【关键词】

权变管理理论

【知识链接】

菲德勒权变管理理论认为不存在一种“普遍适用”的领导方式或领导风格，领导工作强烈地受到领导者所处的客观环境的影响，领导方式是领导者特征、追随者特征和环境的函数，菲德勒将权变理论具体化为三个方面：职位权力、任务结构和上下级关系。

【问题和答案要点】

1. 如何用当代管理学方法解决克莱斯勒面临的问题？

艾珂卡提出四种方法解决面临的问题，基本上都是头痛医头、脚痛医脚的方法。在当代，要解决的困境，很重要的一点是用户至上，一般以用户的需求作为开展业务的出发点；企业要有新的社会责任理念开展业务活动；革新产品结构，不断推出科技含量高的产品供应市场；明确为人服务等。无目的地兼并企业不是上策，根据市场需要，有大企业，也有中小企业。

2. 如何用权变管理的思想解决克莱斯勒面临的问题？

权变管理思想就是客观环境不断变化的条件下，企业的经营行为要适应这种需要，不断提出新措施。根据克莱斯勒情况，先要运用各种措施处理好积压的汽车，这是回笼资金的重要办法；生产改进型的新汽车供应市场，争取有高的资金回报率；处理好与员工的关系，提高他们的积极性。其中对剩余员工的安排，应效仿日本企业的做法，尽可能不解雇员工，而应以发展经济去容纳较多的员工。

3. 克莱斯勒在今天该怎么做？

在今天，克莱斯勒公司应把握住网络化、知识化、信息化的条件，充分获取各种信息，开展自己的业务。“三化”是相辅相成、不可缺少的，这要求克莱斯勒公司要多吸纳有用人才，壮大智囊团力量，这是壮大经济的保证。还要有可持续发展的理念，拥有各类资源，用好各类资源。最后按需要用各种办法来发展经济。

资料来源：https：//wk. baidu. com/view/fca57777f78a6529647d53df？ivk_ sa_ s = 130827.

8.6 管理游戏

8.6.1 管理游戏1：建绳房

【游戏目的】

锻炼团队中的领导能力，增强队员之间的沟通能力，从而达到和谐完成任务的目的。

【操作程序】

第一阶段：

（1）教师先把15人分为3组，小组1发20米的绳子；小组2发18米的绳子；小组3发12米的绳子；

（2）教师发给每人一个眼罩，并通知他们带上眼罩后：小组1组一个正三角形；小组2组一个正方形；小组3组一个圆形；

第二阶段：

（3）当完成第一阶段后，教师告诉3个小组的全体成员，要他们统一起来建一个房子。

讨论：

（1）对比两个阶段，哪一个阶段更加混乱，为什么？

（2）如果你作为领导，你会怎样组织第二阶段以尽快更好地完成任务？

资料来源：https：//wenku. baidu. com/view/2f7051a9af1ffc4fff47ac0e. html.

8.6.2 管理游戏2：领导力游戏

（1）游戏流程。分开小组，每组推选一位组长，每组6人，所有组的组长在4分钟时间内由老师教会“T”字形拼图的方法，老师必须让每位组长拼一次且要保证每位组长已经完全学会，然后由组长在5分钟之内教会每个组员，学会的组将模型交回，比赛开始。每组随便抽一位（由老师随机抽），限时20秒，拼出“T”字图形来，超时不算，看哪一组拼出来的人数较多，那个组就获得第一名。

（2）游戏规则。

打分规则：全组人员拼出来加30分，每拼出一个加5分。

考评规则：限定时间拼出来有效，超时无效。

注意事项：教师上课前将硬纸片做的T形板按虚线切割好。每一位组员结束游戏后，老师将拼图板叠起来交到下一个组员手里，并且将多边形有意放反。

（3）游戏目的。让学员从中发现自身在教别人时存在的问题，不用自己的标准来衡量别人，掌握教学方法，要有耐心，要适当给予鼓励。

（4）游戏效果。当原本很自信的学员到讲台上没有拼出来时，就已经意识到了问题的存在，再将要讲述的观点提出，这样就得到了大家的认同，效果很好。

（5）游戏模型。

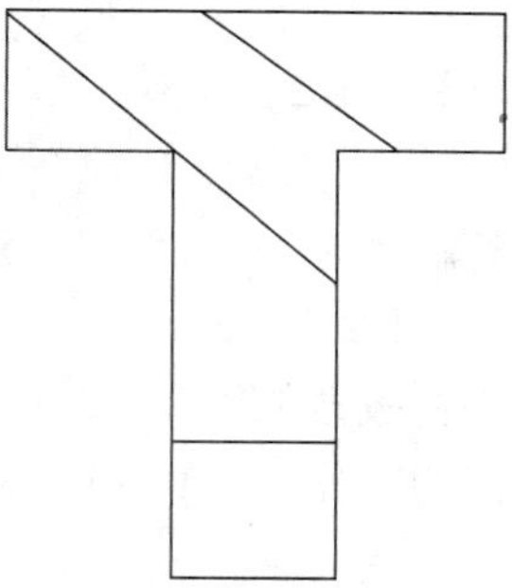

资料来源：百度百科。

8.6.3　管理游戏3：管理能力的评价

【项目简介】

这是一份帮助学生了解自己领导水平的游戏，游戏完成后，学生可以对自己的领导水平有一个大致的评价。

人数：40人。

时间：50分钟。

场地：教室。

用具：纸、笔、投影仪。

【训练步骤】

教师把印有如下内容的试题纸发给学生或投放在投影仪上。学生选择合适的数字，然后合计得分。

选择的数字为：1— 一般不符合；2—较不符合；3—中等情况；4—较符合；5—最符合。

（1）我已挑选好团队成员。　1 2 3 4 5

（2）我已向我的队证明我关心他们。　1 2 3 4 5

（3）我已鼓励他们互相关心。　1 2 3 4 5

（4）我知道我的队员的喜好。　1 2 3 4 5

（5）我积极推动团队发展。　1 2 3 4 5

（6）我已培养了适应性强的队伍。　1 2 3 4 5

（7）我支持我的队员。　1 2 3 4 5

（8）我已经教给他们什么是重点。　1 2 3 4 5

（9）我经常告诉他们行动计划。　1 2 3 4 5

（10）我在奉献方面做出了表率。　1 2 3 4 5

（11）我的队员愿意将团队利益置于个人利益之上。　1 2 3 4 5

（12）我已培养了一名优秀替补队员。　1 2 3 4 5

（13）我鼓励每名队员找到自己的位置。　1 2 3 4 5

（14）我赢得了队员的尊重。　1 2 3 4 5
（15）我按队员的表现奖励队员。　1 2 3 4 5
（16）我确立了一种胜利的法宝。　1 2 3 4 5
（17）我预料到困难并做好准备解决它。　1 2 3 4 5
（18）找了解每个队员的水平。　1 2 3 4 5
（19）我花时间传授我的理念并积极授权。　1 2 3 4 5
（20）我仅仅做那些我不能授权的工作。　1 2 3 4 5

【训练要点】

90～100：你是一名伟大的团队教练，已准备好取得最优异的成绩。

80～89：你是一名优秀的教练，对你的队伍和技术做了很好的调整。

70～79：你是一名可靠的教练，不要停下来，继续发挥工作中的优势，为更上一层楼而努力。

60～69：你的团队开始成型，需要不断地学习与建设。

60以下：你还有很多工作要做，但是不要泄气，马上用建立领导者团队的方法组建你的团队，提高你的教练水平。

资料来源：https：//wk. baidu. com/view/dcdb96bafd0a79563c1e721c？fromShare = 1.

8.6.4　管理游戏4：测一份典型的LPC验量表

答分说明：

本测验属于一种个性测验。想象曾经或现在你最不愿意与之共事的同事或下属，他们不一定是你最讨厌的人，但确实是你觉得最难与他们合作来完成一项工作的人。现在请按如下20个项目依次描述一下他是怎样一个人。

（1）快乐	8	7	6	5	4	3	2	1	不快	——
（2）友善	8	7	6	5	4	3	2	1	敌意	——
（3）拒绝	8	7	6	5	4	3	2	1	接受	——
（4）紧张	8	7	6	5	4	3	2	1	轻松	——
（5）疏远	8	7	6	5	4	3	2	1	亲密	——
（6）冷漠	8	7	6	5	4	3	2	1	热情	——
（7）支持	8	7	6	5	4	3	2	1	反对	——
（8）无聊	8	7	6	5	4	3	2	1	有趣	——
（9）好斗	8	7	6	5	4	3	2	1	融洽	——
（10）忧郁	8	7	6	5	4	3	2	1	欢快	——
（11）开放	8	7	6	5	4	3	2	1	封闭	——
（12）谨慎	8	7	6	5	4	3	2	1	轻率	——
（13）阴险	8	7	6	5	4	3	2	1	忠诚	——
（14）无信	8	7	6	5	4	3	2	1	可信	——
（15）凶恶	8	7	6	5	4	3	2	1	和蔼	——

(16) 虚伪	8	7	6	5	4	3	2	1	真诚	——
(17) 厚道	8	7	6	5	4	3	2	1	刻薄	——
(18) 高效	8	7	6	5	4	3	2	1	低效	——
(19) 无益	8	7	6	5	4	3	2	1	有益	——
(20) 自信	8	7	6	5	4	3	2	1	忧郁	——

评分说明：

总分为20项描述得分的总和。如果总分低于50分（平均为2.5分），那你属于LPC测验低分者，意味着你是一个任务导向型领导；如果总分在51～79分，那你属于LPC测验中分者，意味着你是一位中间型领导；如果总分高于80分（平均4分），那你属于LPC测验高分者，意味着你是一位关系导向型领导。

第 9 章 激励

9.1 小组展示主要内容

教师按照教学大纲的要求，将本章重点知识分派给各小组，要求各小组以 PPT 形式将主要知识点向全体成员展示，主要内容如下：

（1）激励理论；

（2）激励的需要理论；

（3）激励的过程理论；

（4）激励实务。

9.2 团队训练

9.2.1 团队训练 1：家长的激励

每个团队成员先考虑以下这段话：家长为了鼓励孩子努力学习，向孩子承诺：如果在下学期每门功课都考 90 分以上，就给予其一定的奖励。你觉得孩子是否会因此而努力学习？为什么？请找几个不同学习成绩的中、小学生聊聊，看他们对这句话的反应，然后用有关激励理论来分析，并在团队内阐述你的观点。

9.2.2 团队训练 2

在微信答题小程序设置有关激励理论的题型，包括单项选择题、判断题，以考察同学们对激励理论知识的学习情况。

9.2.3 团队训练 3

给予学生一个关于激励理论知识的题库，从题库中抽取出一部分题型，让同学们进行相互提问，记录得分，其中选出若干个同学作为监证人，对得分高者进行精神上和物质上的奖励。

9.2.4 团队训练 4："翻越求生墙"

"翻越求生墙"训练是对我们意志的考验，项目要求在规定的时间内所有的人不借助任何工具爬过一堵 4.0 米高的笔直的石墙，没有任何工具，所有团队需要全部跨越！

这个训练旨在培养学生的感情、凝聚力、竞争力和向心力。只要大家团结一致、齐心协力迎难而上就一定能克服所有困难。这就是团队，步调一致的团队，无坚不摧的团队。

9.3　管理情景模拟

9.3.1　管理情景模拟1：动员同事到农村锻炼

市里要组织年轻干部到偏远农村去锻炼一年，那里交通不方便，生活设施落后，是一个艰苦困难的地方，许多人都不想到那里去。现在领导让你负责，你将运用什么激励理论，采用什么激励措施，运用什么激励方法来劝说他们？请现场模拟一下。

9.3.2　管理情景模拟2：管理心理学激励

A君大学毕业后进入了一家中外合资公司做销售工作。他很满意这份工作，因为工资高，而且是固定的，不用担心未受过专门训练的自己比不过别人。刚上班的头两年，A君的工作平平淡淡，但随着对业务的熟悉和与客户关系的加强，他渐渐感到工作得心应手。去年和今年，A君干得特别出色，超额完成了销售任务。根据他的观察，同事中间还没有人能完成这个任务。尽管公司不公布每人的销售额，也不鼓励互相比较，但他很有信心，自己当属销售员中的冠军了。

可是A君的心情并不舒畅，自己拼死干活，工资却没有比以前多多少，也没有得到公司的表扬。而最令A君烦恼的是，自己一直没得到提升，同时进公司的同事也大多保持现状，只有与总经理关系最好的一位同事平步青云，他感到自己在公司的前景特别暗淡。

不久前，A君主动去找了公司经理，谈了他的想法，建议改成佣金制，至少按成绩给奖金。不料经理说这是既定政策，拒绝了他的建议。没过几天，A君辞职去另一家公司上班了。

【模拟事项】

假设你是该公司经理，你将如何激励A君，将其留下来？

9.4　管理辩论

【辩论主题】

员工的价值实现是以自我激励更重要，还是企业创造激励更重要？

【知识链接】

自我激励是员工价值实现的决定性因素，是员工价值实现的动力源泉，具有实效性和可持续性。

企业针对每一名员工因材施教，纵横相交，点和面结合，以此实现长期效应，激励员工不断地向价值目标迈进。企业创造机会具有激励作用，具有导向作用，兼具宏观性、整体性和科学性。

【辩论评论】

通过这次辩论赛让我们更加感到文化对企业具有整合功能、适应功能、导向功能、发展功能和持续功能，组织文化的形成既需要管理者的言传身教、身体力行，自觉表现出与自己倡导的价值观和行为准则相当的行为，也需要组织成员的接受。

9.5 案例分析

9.5.1 案例分析1：李强的困惑

李强已经在智宏软件开发公司工作了6年。在这期间，他工作勤恳负责，技术能力强，多次受到公司的表扬，领导很赏识他，并赋予他更多的工作和责任，几年中他从普通的程序员晋升到了资深的系统分析员。虽然他的工资不是很高，住房也不宽敞，但他对自己所在的公司还是比较满意的，并经常被工作中的创造性要求所激励。公司经理经常在外来的客人面前赞扬他："李强是我们公司的技术骨干，是一个具有创新能力的人才……"

去年7月份，公司有申报职称指标，李强属于有条件申报之列，但名额却给了一个学历比他低、工作业绩平平的老同志。他想问一下领导，谁知领导却先来找他："李强，你年轻，机会有的是。"

最近李强在和同事们的聊天中了解到他所在的部门新聘用了一位刚从大学毕业的程序分析员，但工资仅比他少50元。尽管李强平时是个不太计较的人，但对此还是感到迷惑不解，甚至很生气，他觉得这里可能有什么问题。

在这之后的一天下午，李强找到了人力资源部宫主任，问他此事是不是真的？宫主任说："李强，我们现在非常需要增加一名程序分析员，而程序分析员在人才市场上很紧俏，为使公司能吸引合格人才，我们不得不提供较高的起薪。为了公司的整体利益，请你理解。"李强问能否相应提高他的工资。宫主任回答："你的工作表现很好，领导很赏识你，我相信到时会给你提薪的。"李强向宫主任说了声"知道了！"便离开了他的办公室，开始为自己在公司的前途感到忧虑。

【关键词】

激励；双因素理论

【知识链接】

激励通常是和动机连在一起的，主要指人类活动的一种内心状态，它包含努力、组织目标和需要等三个关键要素。

双因素理论是美国心理学家赫茨伯格于20世纪50年代后期提出的一种激励理论，也叫“保健－激励理论”。该理论认为影响人们行为的因素主要有两类：保健因素和激励因素。保健因素是那些与人们的不满情绪有关的因素，如公司的政策、管理和监督、人际关系、工作条件等。保健因素处理不好，会引发对工作不满情绪的产生；处理得好，可以预防或消除这种不满。激励因素是指那些与人们的满意情绪有关的因素，如工作变现机会和工作带来的愉快，工作上的成就感，由于良好的工作成绩而得到的奖励，对未来发展的期望，职务上的责任感等。与激励因素有关的工作处理得好能够使人们产生满意情绪；如果处理不当，其不利效果顶多只是没有满意情绪，而不会导致不满。

【问题和答案要点】

1. 用双因素理论解释李强的忧虑、困惑。

导致李强忧虑、困惑的原因是企业激励工作存在一定的问题。

①激励理论中的双因素理论将影响工作效率的因素分为两类：保健因素和激励因素。

②保健因素是指人们对本组织的政策和管理、监督、工作条件、人际关系、薪金、地位、职业安定及个人生活所需等，如果得到满足的话，则可以消除员工对企业的不满情绪，如果得不到满足的话，则员工就会产生对企业的不满情绪。尽管保健因素不能起到激励作用，但却是人们有效工作的必要条件，能防止职工产生不满情绪。该公司对李强忽略了保健因素而导致了李强的忧虑。

③激励因素，包括赏识（认可）、成就、艰巨的工作、晋升和工作中成长、责任感等因素，如果得到则感到满意，得不到也没有不满意；它能产生使职工满意的积极效果。但企业必须提供某些条件以满足保健因素的需要，才可以保持人们一定的工作积极性。该公司只注重了激励因素，而忽略了保健因素。

2. 谈一谈企业应如何做才能更好地、有效地激励员工。

要取得有效的激励效果，该公司主管人员可以考虑给李强加工资，满足他职称申报要求，同时可以安排他承担有更挑战性和创造性的工作。

9.5.2　案例分析2：立达公司的激励制度

立达公司地处中关村地区，是高强博士在1998年创建的。目前，公司每年的销售额达1.7亿元人民币，并计划10年内达到5亿元人民币。

面对外界激烈的竞争环境，高强在充分发挥自己管理天赋的基础上创造了一套有效而独特的激励方法，人们一直认为该公司的管理是极为成功的。

他为职工创造了极为良好的工作环境。公司总部设有网球场、游泳池，还有供职工休息的花园和宁静的散步小道。他规定每周五下午免费为职工提供咖啡，公司还定期举办酒会、宴会及各种体育比赛活动。除此之外，他还允许员工自由选择机动灵活的工作时间。

他注意用经济手段来激励员工。例如，他每年都会拿出一部分公司股份用于奖励优秀员工，目前，部分员工已拥有公司股份的30%了，这极大地激发了员工为公司努力工作的热情。

高强还特别注重强化员工参与管理的意识。他要求每个员工都要为公司长远发展提出自己的设想，以加强对公司的了解，进而提高他们对公司强烈的责任心和感情，自觉地关心公司的利益。

高强本人是一个极为随和、喜欢以非正式身份进行工作的有才能的管理者。由于他在公司内对管理人员、技术人员和其他员工都能平等地采取上述一系列措施，公司的绝大多数人员极为赞同他的做法。公司员工都把自己的成长与公司的发展联系起来，并为此感到满意和自豪。

当然，高强深知，要长期维持住这样一批忠实工作的群体确实不是件容易的事。随着公司的快速发展，它的增长速度自然会放慢，也会出现一个更为正式而庞大的管理机构。在这种情况下，该如何更有效地激励员工呢？

【关键词】

马斯洛需要层次理论；双因素理论；成就需要理论

【问题和答案要点】

请根据案例回答下列问题：

1. 立达公司采取了哪些激励方法？

①思想政治工作。通过思想政治工作，使组织中的成员看到自己的利益是可以同组织的利益取得一致的。而在两者利益不完全一致时，则要求组织的每个成员能以组织利益为重，顾全大局，顾全整体。②奖励。对人们取得的工作成效给予奖励，会给人们的动机起到强化作用。因为这使人看到了自己的成就，得到了尊重或取得了信任和社会地位。③职工参加管理。所谓参加管理是指在不同程度上让职工和下级参加组织决策和各级管理工作的研究和讨论。处于平等的地位来商讨组织中的重大问题，可使下级和职工感到上级主管的信任，从而体验出自己的利益同组织的利益、组织的发展密切相关而产生强烈的责任感。④工作内容丰富化。工作内容丰富化是指试图把一种更高的挑战性和成就感体现在工作（职务）中。它不同于工作内容的扩大，它可以通过赋予多样化的内容而使一个工作丰富起来。

2. 结合管理理论分析这些激励方法为什么能起作用？

美国心理学家马斯洛提出需要层级理论。他认为人类的需求是以层次的形式出现的，由低级的需求开始逐级向上发展到高级需求。他还断定，当一组需求得到满足时，这组需求就不再成为激励因素了。他将个人的需求分为生理需求、安全需求、社交和爱情的需求、自尊与受人尊重的需求以及自我实现的需求。由于每个人的需求各不相同，因此管理者必须用随机制宜的方法对待人们的各种需求。在工作中，管理者要注意决定这些需求的各个特性、愿望和欲望。在任何时候，管理者都应考虑到人的各种需求。

美国心理学家赫茨伯格提出了双因素理论。他通过调查，发现人们对诸如本组织的政策和管理、监督、工作条件、人际关系、薪金、地位、职业安定以及个人生活所需等，如果得到后则没有不满意，得不到则产生不满。这类因素统称为“保健因素”。此外，他还发现人们对诸如成就、赏识（认可）、艰巨的工作、晋升和工作中的成长、责任感等，如果得到则感到满意，如果得不到也没有不满。保健因素通常与工作条件和工作环境有关，而激励因素与工作内容和工作本身有关。赫茨伯格认为，保健因素不能直接起到激励员工的作用，但能防止员工产生不满的情绪。保健因素改善后，职工的不满情绪就会消除，并不会导致积极后果，职工只能处于一种既非满意，又非不满意的中间状态，激励因素才能产生使员工满意的积极效果。

美国心理学家麦克莱兰提出激励需求理论，认为人的基本需要有三种，即成就、权力、社会需要，这一研究是值得重视的。因为任何一个组织及每一个部门都代表了实现某些目标而集结在一起的工作群体。所有这三种动力，对管理工作都有特别的关系。

资料来源：自考《管理学》试题。

9.5.3　案例分析3：高校人才招聘

华南地区某高校为了加快“双一流”大学建设，决定下大力气引进一批高层次人才。为此，该校面向社会发布了招聘信息：①凡名校毕业的博士（特别是理、工类博士），且具有副教授以上职称的人员到该校工作的，一次性给予50万元安家费，同时免费使用80平方米左右的周转房5年；②学校与其签订长期就业合同，并解决配偶的工作安排和小孩入学的问题；③鼓励教师以自己的知识、专长和技术成立学术团体或公司。同时，允许教师有3年时间专门从事社会服务或创业；④对在学术上有突出成就的可直接聘为相应学科的学术带头人，或给予处级行政职务待遇；⑤对能力和胜任感特别强的教师，学校另拨100万元科研经费。并对有创新性、推广性的科研成果给予公开表彰，由于该校的招聘条件优越，措施得当，应聘人员络绎不绝。

【关键词】

马斯洛层次需要理论

【知识链接】

美国心理学家马斯洛提出需要层级理论。他认为人类的需求是以层次的形式出现的，由低级的需求开始逐级向上发展到高级需求。他还断定，当一组需求得到满足时，这组需求就不再为激励因素了。他将个人的需求分为生理需求、安全需求、社交和爱情的需求、自尊与受人尊重的需求以及自我实现的需求。由于每个人的需求各不相同，因此管理者必须用随机制宜的方法对待人们的各种需求。在工作中，管理者要注意决定这些需求的各个特性、愿望和欲望。在任何时候，管理者都应考虑到人的各种需求。

【问题和答案要点】

1. 用马斯洛需要层次理论分析该校采取的招聘措施。

一次性给予50万元的安家费，同时，免费使用80平方米左右的周转房5年，符合马斯洛需要层次理论第一个层次的需要：生理的需要；学校与其签订长期就业合同，并解决配偶的工作安排和小孩的入学问题，符合第二个层次的需要：安全的需要；鼓励教师以自己的知识、专长和技术成立学术团体或公司，同时，允许教师有3年时间专门从事社会服务或创业，符合第三个层次的需要：社交的需要；对在学术上有突出成就的可直接聘为相应学科的学术带头人，或给予处级行政职务待遇，符合第四个层次的需要：尊重的需要；对能力和胜任感特别强的教师，学校另拨100万元科研经费，并对有创新性、推广性的科研成果给予公开表彰，符合第五个层次的需要：自我实现的需要。

2. 马斯洛需要层次理论的基本出发点是什么？

第一，人是有需要的动物，其需要取决于他已经得到了什么，还缺少什么，只有尚未满足的需要能够影响行为。换言之，已经得到满足的需要不再起激励作用；

第二，人的需要有轻重层次，某一层需要得到满足后，另一层需要才出现。

资料来源：专插本《管理学》考试试题。

9.5.4 案例分析4：助理工程师为什么会辞职

助理工程师黄大佑，某名牌大学高才生，毕业后工作已8年，于4年前调到一家工厂工程部负责技术工作，工作勤恳负责，技术能力强，很快就成为厂里有口皆碑的“四大金刚”之一，名字仅排在一号种子厂技术部主管陈工之后。然而，工资却同仓管人员不相上下，夫妻小孩三口尚住在来时住的那间平房。对此，他心中时常有些不平。

黄厂长，一个有名的识才老厂长，孙中山先生的名言：“人能尽其才，物能尽其用，货能畅其流”在各种公开场合不知被他引述了多少遍，实际上，他也是这样做的。4年前，黄大佑调来报到时，门口用红纸写的“热烈欢迎黄大佑工程师到我厂工作”几个不凡的颜体大字，是黄厂长亲自吩咐人秘部主任落实的，并且交代要把“助理工程师”的“助理”两字去掉。这确实使黄大佑当时春风得意，工作更卖劲。

两年前，厂里有指标申报工程师，黄大佑属有条件申报之列，但名额却让给一个没有文凭、工作平平的老同志。他想问一下厂长，谁知，他未去找厂长，厂长却先来找他了：“黄工，你年轻，机会有的是”。去年，他想反映一下工资问题，这问题确实重要，来这里其中一个目的不就是想得高一点工资，提高一下生活待遇吗？但是几次想开口，都没有勇气讲出来。因为厂长不仅在生产会上大夸他的成绩，而且，曾记得，有几次外地人来取经，黄厂长当着客人的面赞扬他：“黄工是我们厂的技术骨干，是一个有创新的……”哪怕厂长再忙，路上相见时，总会拍拍黄工的肩膀说两句，诸如“黄工，干得不错”“黄工，你很有前途”。这的确让黄大佑兴奋，“黄厂长确实是一个伯乐”。此言不假，前段时间，他还把一项开发新产品的重任交给他呢，大胆起用年轻人，然而……

最近，厂里新建好一批职工宿舍，听说数量比较多，黄大佑决心要反映一下住房问题，谁知这次黄厂长又先找他，还是像以前一样，笑着拍拍他的肩膀：“黄工，厂里有意培养你入党，我当你的介绍人。”他又不好开口了，结果家没有搬成。

深夜，黄大佑对着一张报纸招聘栏出神。第二天一早，黄厂长办公台面上压着一张小纸条：

黄厂长：

您是一个懂得使用人才的好领导，我十分敬佩您，但我决定要走了。

黄大佑于深夜

【关键词】

马斯洛需要层次理论；公平理论

【问题和答案要点】

1. 根据马斯洛的理论，住房、评职称、提高工资和入党对于黄工来说分别属于什么需要？

根据马斯洛需求层次理论，住房和提高工资属于生理需要，评职称属于尊重需要，入党属于实现自我价值的需要。

2. 根据公平理论，黄工的工资和仓管员不相上下，是否合理？为什么？

根据公平理论，黄工的付出大于仓库管理员，故他的工资应远远高于仓库管理员。但事实上，两者的工资不相上下，显然违背公平理论，不合理。

3. 如果你是黄厂长，你将根据什么激励理论，采取什么激励措施来留住黄工？

首先，应提高黄工的工资，改善黄工的住房，解决类似的其他生活困难。这样做，一方面既坚持了"公平、公正"的原则，真正体现出黄工的人力资本价值，贯彻"多劳多得"的分配思想。其次，还应赋予黄工具有挑战性的工作和自主管理、自主创新的责权。

资料来源：自考《管理学》试题。

9.5.5 案例分析5：吴某辞职引起的分配制度改革

某电子公司是一家高新技术产品制造公司，在同行业中居领先地位。不久前生产技术部门有位既能干技术水平又高的年轻人吴某提出辞职，到提供更高薪资的竞争对手公司里任职。其实，吴某早在数月前就向生产技术部王主管提出给他提薪的要求，王主管觉得吴某工作表现十分出色，并为公司做出了较大的贡献，应该给他加薪。随后王主管便向人事部门提出给吴某增加工资的意见，但人事部门的张主管认为，按同行业平均水平来说，吴某的薪资水平已经相当高了，而且这种加薪要求不符合公司现行建立的基于职位、年龄和资历的薪资制度，因此拒绝给予加薪。对这一辞职事件，公司里的人议论纷纷。

有人说，吴某的薪资在公司里已经相当高了，再提出提薪有些过分。也有人说，尽管吴某所得到报酬的绝对量高于行业平均水平，但他的表现那么出色，贡献又那么大，应该给他更高的薪资。

公司的总经理也已经感觉到公司确实存在大锅饭现象，现行的分配制度不利于留住优秀人才，于是他责成人事部门牵头与生产、财务等部门人员组成一个专门小组，就公司薪资分配制度广泛征求各部门职工的意见，并提出几套方案，供月底公司董事会讨论和决策之用。

【关键词】

公平理论；职能职权；程序化决策；非程序化决策

美国心理学家亚当斯（J. S. Adams）在1965年首先提出公平理论，也称为社会比较理论，这种理论的基础在于：员工不是在真空中工作的，他们总是在进行比较，比较的结果对于他们在工作中的努力程度有影响。员工选择与自己进行比较的参照类型有三种：

"其他人"：包括在本组织中从事相似工作的其他人以及别的组织中与自己能力相当的同类人；

"制度"：指组织中的工资政策与程序以及这种制度的运作；

"自我"：指自己在工作中付出与所得的比例。

程序化决策：是按原来规定的程序、处理方法和标准去解决管理中经常出现的问题，又称重复性决策、定型化决策或常规决策，是企业中最常见的决策类型。

非程序化决策：是指解决以往无先例可循的新问题，所决策的问题具有极大的偶然性和随机性，很少重复发生。这类决策又称一次性决策、非定型化决策或非常规决策。

【问题和答案要点】

1. 根据公平理论，解释吴某辞职的原因。

公平理论认为，员工不是在真空中工作的，他们总是在进行比较，比较的结果对于他们在工作中的努力程度有影响。大量的事实表明，员工经常将自己的付出与所得和他人进行比较而由此产生的不公平感将影响到他们以后付出的努力。它指出，人们将通过横向和纵向两个方面的比较来判断其所获报酬的公平性。员工选择与自己进行比较的参照类型有三种：分别是"其他人""制度"和"自我"。横向比较，就是将"自我"与"他人"相比较来判断自己所获报酬的公平性，从而对此做出相对应的反应。当员工感觉不公平时，他可要求增加报酬，或者自动地减少付出以便达到心理上的平衡，也可能离职。纵向比较就是把自己目前的状况与过去的状况进行比较。当他觉得不公平时，工作积极性会下降，除非管理者给他增加报酬。根据公平理论，案例中吴某辞职的原因正是由于他与"他人"进行比较，认为以他的能力和贡献，公司应该给他增加工资，却受到人事部门的反对，觉得心理不平衡，所以辞职。

2. 人事部门张主管拒绝给吴某增加薪资，这是行使了哪种职权？

人事部门张主管拒绝给吴某增加薪资，这是行使了人事部门的职能职权。

3. 公司总经理准备考虑薪资制度的改革问题，你认为案例中对这一问题的决策属于程序化决策吗？为什么？

不属于程序化决策。因为程序化决策是指对重复出现的日常管理问题所做出的决策。而案例中薪资制度的改革问题是不经常发生的、新颖的问题，对这一问题的决策属于非程序化决策。

资料来源：专插本《管理学》试题。

9.5.6 案例分析6：油漆厂工人为什么闹事

钱兵是某名牌大学企业管理专业毕业的大学生，被分配到宜昌某集团公司人力资源部。前不久，因总公司下属的某油漆厂出现工人集体闹事问题，钱兵被总公司委派下去调查了解情况，并协助油漆厂高厂长理顺管理工作。

到油漆厂上班的第一周，钱兵就深入"民间"，体察"民情"，了解"民怨"。一周后，他不仅清楚地了解到油漆厂的生产流程，同时也发现工厂的生产效率极其低下，工人们怨声载道，他们认为工作场所又脏又吵，条件极其恶劣，冬天的车间内气温只有零下8度，比外面还冷，而夏天最高气温可达40多度，而且他们的报酬也少得可怜。工人们曾不止一次地向厂领导提过，要改善工作条件，提高工资待遇，但厂里一直未引起重视。

钱兵还了解了工人的年龄、学历等情况，工厂以男性职工为主，约占92%。年龄在25～35岁之间的占50%，25岁以下的占36%，35岁以上的占14%。工人们的文化程度普遍较低，初高中毕业的占32%，中专及以上的仅占2%，其余的全是小学毕业。钱兵在调查中还发现，工人的流动率非常高，50%的工人仅在厂里工作1年或更短的时间，能工作5年以上的不到20%，这对生产效率的提高和产品的质量非常不利。

于是，钱兵决定将连日来的调查结果与高厂长做沟通，他提出了自己的一些看法："高厂长，经过调查，我发现工人的某些起码的需要没有得到满足，我们厂要想把生产效率搞上去，要想提高产品的质量，首先得想办法解决工人们提出的一些最基本的要求。"可是高厂长却不这么认为，他恨铁不成钢地说："他们有什么需要？他们关心的就是能拿多少工资，得多少奖金，除此之外，他们什么也不关心，更别说想办法去提高自我。你也看到了，他们很懒，逃避责任，不好好合作，工作是好是坏他们一点也不在乎。"

但钱兵不认同高厂长对工人的这种评价，他认为工人们不像高厂长所说的这样。为进一步弄清情况，钱兵采取发放问题调查问卷的方式，确定工人们到底有什么样的需要，并找到哪些需要还未得到满足。他也希望通过调查结果来说服厂长，重新找到提高士气的因素。于是他设计了包括15个因素在内的问卷，当然每个因素都与工人的工作有关，包括：报酬、员工之间的关系、上下级之间的关系、工作环境条件、工作的安全性、工厂制度、监督体系、工作的挑战性、工作的成就感、个人发展的空间、工作得到认可情况、升职机会等。

结果表明，工人并不认为他们懒惰，也不在乎多做额外的工作，他们希望工作能丰富多样化一点，能让他们多动动脑筋，能有较合理的报酬。他们还希望工作多一点挑战性，能有机会发挥自身的潜能。此外，他们还表达了希望多一点与其他人交流感情的机会，他们希望能在友好的氛围中工作，也希望领导经常告诉他们怎样才能把工作做得更好。

基于此，钱兵认为，导致油漆厂生产效率低下和工人有不满情绪的主要原因是报酬太低，工作环境不好，人与人之间关系的冷淡。

【关键词】

X假设；马斯洛需要层次理论；双因素理论

【知识链接】

美国管理心理学家道格拉斯·麦格雷戈（Douglas McGregor）总结提出管理者对人性的假设有两种对立的基本观点：消极的X理论（Theory X）和积极的Y理论（Theory Y）。X理论认为员工天性好逸恶劳，只要可能，就会躲避工作；以自我为中心，漠视组织要求；只要有可能就会逃避责任，安于现状，缺乏创造性；员工不喜欢工作，需要对他们采取强制措施或惩罚办法，迫使他们实现组织目标。

【问题和答案要点】

1. 高厂长对工人的看法属X假设吗？钱兵的问卷调查结果又说明了对人的何种假设？

答：案例中高厂长对工人的看法从人性的假设理论来看，主要体现为X假设。认为工人懒惰，不思进取，不求上进，工人的行为仅仅是为了金钱的获取。把工人完全看作为“经济人”，与泰勒的有关思想是一致的。而钱兵通过与工人的接触和了解，并在充分调查的基础上，认为工人不是这样的，工人愿意承担工厂的责任，愿意多为工厂干活，工人有发挥自身潜能的愿望，有与他人交往并被他人接纳的愿望，所以钱兵对工人的看法主要表现为Y假设。

2. 根据钱兵的问卷调查结果，请你为该油漆厂出点主意，来满足工人们的一些需求。

答：根据马斯洛的需要层次理论，人的需要由低级到高级经历生理需要、安全需要、社交需要、自尊需要、自我价值实现需要五个层次，且人的行为主要取决于其主导需要。就案例中当前的情况来看，工人的主导需要应该是社交需要、自尊需要和自我价值实现需要。从赫兹伯格的双因素理论来看，工人的保健因素可能包括：工作环境与条件、工作的安全性、工厂的规章制度等，激励因素可能包括工资报酬、工作的挑战性、工作的成就感、个人发展机会及升职的机会等。据此，我们可以考虑从奖励手段、工人参与管理、丰富工作内容、美化工作环境、建立健全规章制度等方面着手来改进油漆厂目前的工作状态。

资料来源：余敬，刁凤琴．管理学案例精析．北京：中国地质大学出版社，2006.

9.5.7 案例分析7：保险公司的奖金激励效果

北京某保险公司旗下的员工以业务员比例最高而著称。由于公司强调业务导向、业绩挂帅，组织内许多决策都以业绩作为最主要的考虑因素。公司也为业务人员设计了一套完全包底的制度，也就是有业绩则有奖金，没业绩则没奖金。奖金制度的设计可以节省公司固定人员的费用，同时也为鼓励业务人员能取得高业绩。除了薪资制度外，公司还举办季度竞赛来奖励那些销售成绩优异的人员。

激励制度实施的开始，的确改变了原来销售不佳的窘境，为组织带来效益，但是一段时间以后，公司主管开始发现新的问题。首先，由于公司奖金计算方式是以当期新保单金额累加为基础，业务人员想尽办法让客户买完保险之后，对于后续客户的问题处理与售后服务就变得不是那么积极了，许多客户常打电话来投诉，长此以往会有损公司的品牌形象。其次，业务员之间的竞争开始激化，而且对业绩不佳的员工也会施加许多压力，造成员工的不安全感，导致办公室气氛紧张。最后，这些凡是以业绩挂帅的人员只对如何提升业绩感兴趣，而对于公司其他政策的配合度意愿不高，致使公司许多政策得不到良好的贯彻。仔细研究这些保险业务员的来源动机，大部分是临时找份工作过活，再就是通过关系进公司，想多赚点奖金，谁也没想到要在公司里面一直待下去。

【关键词】

马斯洛需要层次理论

【知识链接】

【问题和答案要点】

1. 试用所学的激励理论解释该公司现存问题产生的原因。

问题分析：就马斯洛的需要理论而言，在底层的生理和安全需要未被满足的情况下，高层需要也就不易满足。一方面，现有奖金制度让想稳定发展的人才不愿意屈就，导致所招人才有着“向钱看”的心态。另一方面，薪资制度完全偏重于保险订单金额也易导致员工缺乏后期服务顾客的动力。

2. 针对公司存在的问题，提出相应的策略，以达成公司的运营目标。

策略：①制定底薪的资薪制度，前三个月给予1200元底薪，再根据业绩加发奖金。若在三个月内新进员工未能达到公司规定的销售额，则予以淘汰，以此来保证销售队伍的品质。

②业务人员的奖金基础除了业绩量这项因素外，还有其他因素可考虑，依据售后服务、团队合作和员工忠诚度来设计薪资结构，将它们纳入到薪资制度中。

③考虑员工的感受，配合宣传指导，并进行双向沟通，务必调整员工为企业短期服务的心态。

资料来源：https：//wenku. baidu. com/view/b7a7a70784254b35effd3485. html？from = search.

9.5.8　案例分析8：IT公司的激励

一家IT公司的老板每年中秋节的时候都会额外给员工发放一笔1000元的奖金。但几年下来，老板感到这笔奖金正在丧失它应有的作用，因为员工在领取奖金的时候反应相当平和，每个人都像领取自己的薪水一样自然，并且在随后的工作中，也没有人会为这1000元表现得特别努力。既然奖金起不到激励作用，老板决定停发，加上行业不景气，这样做也可以减少公司的一部分开支。但停发的结果却大大出乎意料，公司上下几乎每一个人都在抱怨老板的决定，有些员工明显情绪低落，工作效率也受到不同程度的影响，老板很困惑，为什么有奖金的时候，没有人会为此在工作上表现得积极主动，而取消奖金之后，大家都不约而同地抱怨甚至消极怠工呢?

【关键词】

IT公司；双因素理论

【问题和答案要点】

请用相关的激励理论分析和解释这种现象，并给老板提出你的建议。

激励是有时效性的，过了那个时段，就不会起作用，在激励的过程中，必须把握适度，以保证本身资本，同时也不能够忽视时效性。

在本案例中，1000元奖金在第一次发放时，是激励因素，时间长了之后就变成了保健因素，而所谓保健因素是起不到激励作用的，只能防止员工的抱怨，因此在失去时就会引发员工的抱怨和牢骚。上述案例中就是这样，这1000元奖金就像工资一样，在员工心里被认为是他们应得的，一旦不发，就被员工当成是扣钱。所以会引发员工不满。

老板可以先取消这项制度，然后换一种同样价值1000元的其他激励，并且加大获得激励的难度。

资料来源：https：//wenku. baidu. com/view/136904bc5fbfc77da369b106. html.

9.5.9 案例分析9：林肯电气公司的“双赢模式”

林肯电气公司总部设在克利夫，年销售额为44亿美元，拥有2400名员工，并且形成了一套独特的激励员工的方法。该公司90%的销售额来自于生产弧焊设备和辅助材料。

林肯电气公司极具成本和生产率意识，如果工人生产出一个不合标准的部件，那么除非这个部件修改至符合标准，否则这件产品就不能计入该工人的工资中。

严格的计件工资制度和高度竞争性的绩效评估系统，形成了一种很有压力的氛围，有些工人还因此产生了一定的焦虑感，但这种压力有利于生产率的提高。据该公司的一位管理者估计，与国内竞争对手相比，林肯电气公司的总体生产率是他们的两倍。自20世纪30年代经济大萧条以后，公司年年获利丰厚，没有缺过一次分红。该公司还是美国工业界中工人流动率最低的公司之一。前不久，该公司的两个分厂被《财富》杂志评为全美十佳管理企业。

【关键词】

公平理论；期望理论；双因素理论

【问题和答案要点】

1. 你认为林肯电气公司使用了何种激励理论来调动员工的工作积极性？

林肯电气公司在激励员工工作积极性方面主要运用了以下几种激励理论：

（1）公平理论。表现在生产工人工资采取按件计酬，同时公司的奖金制度有一整套计算公式，全面考虑了公司的毛利润及员工的生产率与业绩，这种做法一方面将所得与所付出充分联系起来，意味着大家报酬的取得和多少完全看个人的生产量，而与所占据的职位无关。另一方面也体现出产量与质量进行挂钩，确保高产量的同时实现高质量，否则员工的奖金会受到影响。

（2）期望理论。大多数员工进入公司后都期望有相当的工作报酬、丰厚的奖金和较好的职业保障。毫无疑问，林肯公司提供给员工的正是员工所期望的那些东西，它们是那么富有吸引力，而且员工加以努力都能实实在在地得到。公司自1958年起从未辞退过一名员工，即使是经济萧条时期，公司员工平均年收入一直远高于社会平均水平。

（3）激励保健理论。其中保健理论主要用来消除员工的不满意因素，经济萧条与不景气一般意味公司要裁员减人，而林肯公司的管理者们并不因此辞退任何员工，这种方式自然使员工具有职业安全感、社会归属感，从而更激励他们加倍努力工作。

2. 为什么林肯电气公司的方法能够有效地激励员工的工作?

答:(1) 从理论上讲,当被公司用来激励员工的方式行之有效或目标、结果对于员工极具吸引力,且员工付出适度的劳动能够达成一定的目标、取得相应的效果时,那么激励就是成功的,有效的。

(2) 实际上,员工也都是些普通大众,更多地把注意力放在自己所得与所付出之比是否相称,同身边人相比是否公平,而无论是公司设定的分享、年终奖金或高职业保障政策,还是取消最低小时工资的按件计酬制,对大多数员工都称得上公平,且大家付出一定的努力都能达到、实现。所以,长期以来,林肯公司能有效地激励员工工作。

资料来源:https://wenku.baidu.com/view/c725e985a0116c175e0e4802.html.

9.5.10 案例分析10:猎狗的故事

一条猎狗将兔子赶出了窝,一直追赶它,追了很久仍没有捉到。牧羊犬看到此种情景,讥笑猎狗说:"你们两个之间小的反而跑快得多。"猎狗回答说:"你不知道我们两个的跑是完全不同的!它是为了性命而跑啊!"

这话被猎人听到了,猎人想:"猎狗说得对啊,如果我想要得到更多的猎物,得想个好法子。"于是,猎人又买来几条猎狗,凡是能在打猎时捉到兔子的,就可以得到几根骨头,捉不到的就没有骨头吃。这一招果然有用,猎狗们纷纷去努力追兔子,因为谁都不愿意看着其他猎狗有骨头吃,自己没得吃。

过了一段时间,新的问题又出现了。大兔子非常难捉到,小兔子好捉。但捉到大兔子得到的奖赏和捉到小兔子得到的骨头差不多,猎狗们善于观察,发现了这个窍门,专门去捉小兔子。猎人对猎狗说:"最近你们捉的兔子越来越小了,为什么?"猎狗们说:"反正没有什么大的区别,为什么费那么大的劲去捉那些大的呢?"

猎人经过思考后,决定不将分得骨头的数量与是否捉到兔子挂钩,而是采用每过一段时间,就统计一次猎狗捉到兔子的总重量。按照重量来评价猎狗,进而决定一段时间内的待遇。于是猎狗们捉到兔子的数量和重量都增加了。猎人很开心。

但是过了一段时间,猎人发现,猎狗们捉兔子的数量又少了,而且越有经验的猎狗,捉兔子的数量下降得越厉害。于是猎人又去问猎狗。猎狗说:"我们把最好的时间都奉献给了您——主人,但是我们随着时间的推移会老,当我们捉不到兔子的时候,您还会给我们骨头吃吗?"

猎人做了论功行赏的决定。分析与汇总了所有猎狗捉到兔子的数量与重量,规定如果捉到的兔子超过了一定的数量后,即使捉不到兔子,每顿饭也可以得到一定数量的骨头。猎狗们都很高兴,大家又努力去达到猎人规定的数量。

一段时间过后,其中有一只猎狗说:"我们这么努力,只得到几根骨头,而我们捉的猎物远远超过了这几根骨头。我们为什么不能给自己捉兔子呢?"于是,有些猎狗离开了猎人,自己捉兔子去了。

【关键词】

激励;激励的重要性

【知识链接】

激励通常是和动机连在一起的，主要指人类活动的一种内心状态，它包含三个关键要素：努力、组织目标和需要，是由动机推动的一种精神状态，对人的行动起激发、推动和加强的作用。

【问题和答案要点】

这个故事有什么启示?

（1）激励的重要性。

美国哈佛大学的威廉·詹姆士教授在对职工的激励研究中发现，按时计酬的职工仅能发挥其能力的20%～30%，而如果受到充分的激励，则职工的能力可以发挥到80%～90%，其中50%～60%的差距是激励工作所致。也就是说，同样一个人在通过充分激励后所发挥的能力相当于激励前的3～4倍。因此，激励对人的行动起激发、推动和加强的作用。

（2）激励的复杂性与艺术性。

激励是一项系统工程。要有效激励员工没有简单的方法，也没有一个措施能够确保激励有效，真正有效的激励措施是一个完整的、良性的系统工程，这个工程的实现依赖于基础性管理的制度化、体系化，也需要管理者的智慧和创新。

资料来源：https：//www. docin. com/p-996414747. html.

9.5.11 案例分析11：郝新生挑选助手

郝新生经营一家小型公司，该公司有15名员工。近几年来，公司效益稳步上升。郝新生知道，公司的成绩是员工努力的结果，其中以张浩与马国富尤为突出。

由于公司业务量的扩大，郝新生觉得里里外外靠自己一个人应付不过来了，需要选择一位助手，自然张浩和马国富都在考虑中，平心而论，这两人从人品到工作能力都很出色，难分高下，但助手只要一名。于是他私下决定提拔一位助手，给另一位加薪，但提拔谁又给谁加薪呢，他很为难，这时他想到了自己在某大学教管理学的好友陈胜阳教授，于是他向陈教授请教，陈教授告诉郝新生，你要对他们做出选择，不妨先了解他们需要什么?

回去后，郝新生找两人谈话，结果发现马国富并不富，他上有双亲，下有一个小女儿，妻子多病没有工作，生活艰苦。所以，对马国富来说，钱更重要。于是郝新生做出了决定。

【关键词】

期望理论

【知识链接】

美国心理学家V. 弗鲁姆（Victor Vroom）在20世纪60年代中期提出并形成的期望理

论认为，只有当人们预期到某一行为能给个人带来有吸引力的结果时，个人才会采取特定的行动，该理论提出员工对待工作的态度依赖于对下列三种联系的判断：努力－绩效的联系，绩效－奖赏的联系，奖赏－个人目标的联系。

【思考】

该故事的启示是什么？

当我们决定采取某项措施去激励员工时，我们要看我们给予他的是不是员工所迫切需要的，只有当员工所得最能满足自己需要时，激励的效果才是最佳的。

这个案例几乎所有企业管理者都会遇到。只有那些不断研究并发现员工需要和愿望，并努力调整自己的激励方式，激发员工付出最大努力的管理者，才是成功的管理者。

资料来源：https：//wenku. baidu. com/view/c725e985a0116c175e0e4802. html.

9.6 管理游戏

9.6.1 管理游戏1：拼“T”字图形

1. 教练技术

（1）游戏流程。分小组，每组推选一位组长，每组6人，所有组组长在4分钟时间内由老师教会“T”字形拼图的方法，老师必须让每位组长拼一次且要保证每位组长已经完全学会，然后由组长在5分钟之内教会每个组员，学会的组将模型交回，比赛开始。每组随便抽一位（由老师随机抽），限时20秒，拼出“T”字图形来，超时不算，看哪一组拼出来的人数较多，那个组就是第一名。

（2）游戏规则。打分规则：全组人员拼出来加30分，每拼出一个加5分。

考评规则：限定时间内拼出来有效，超时无效。

游戏注意：每一位组员结束游戏后，老师将拼图板叠起来交到下一个组员手里。

注意：要将多边形有意放反，讲师上课前将硬纸片（T形板）按虚线切割好。

（3）游戏目的。让学生从中发现自己与同学进行沟通时存在的问题，不要用专家的心态教人，要将心比心，推己及人，不要用自己的标准来衡量别人。

（4）游戏效果。当原本很自信的学生到讲台上没有拼出来时，就已经意识到了问题的存在，再将要讲述的观点提出，这样就得到了大家的认同，效果很好。

资料来源：https：//wenku. baidu. com/view/efbfa6da6037ee06eff9aef8941ea76e58fa4a9 d. html？ from = search.

9.6.2 管理游戏2：超级俯卧撑

榜样是最好的激励，这句话给我们提供了一个很好的激励模式。着力于榜样的形式，然后鼓励其他人参与，便是我们这个游戏的根本主旨。

游戏规则和程序：

概述：这是一个激发团队和个人进取精神的游戏。

游戏目的：培养团队合作精神。

步骤：

（1）首先从团队中挑选出4名身体最强壮的志愿者，要保证他们都能做十几个俯卧撑，并且背部没有生理方面的问题。

（2）让4名志愿者做一次集体俯卧撑。为了完成这个动作，他们必须趴在地上，把双脚顺次放到其他人的背上，这样所有人的脚都不会触地，地上只剩下4双手。在刚开始时，大家可能需要磨合一下，培训师可适当帮助。

（3）前4个志愿者顺利完成第一个俯卧撑之后，培训师号召剩下的学员加入进来，每次增加一名。要求和第一次一样，都是要把脚放到其他人背部，地上由手支撑；背部有毛病的学员不必参与，培训师可以安排其在旁边加油助威。

（4）每一次顺利完成之后，培训师需要给以夸赞和鼓励，并描述更加宏伟的目标来激励未参与的学员加入进来。

（5）最终看看可以完成多大规模的俯卧撑，结束之后要大家以经久不息的掌声来为自己庆贺。

时间：1小时左右。

场地：宽敞一些的空地，地面无石块、尖锐突起物等可能使人受伤的隐患。

道具：无。

资料来源：https：//wenku. baidu. com/view/08e13649a300a6c30c229fdb. html？ from = search.

第 10 章　组织沟通

10.1　小组展示主要内容

教师按照教学大纲的要求，将本章重点知识分派给各小组，要求各小组以 PPT 形式将主要知识点向全体成员展示，主要内容如下：

（1）沟通的原理；

（2）组织沟通；

（3）沟通管理；

（4）组织冲突与谈判。

10.2　团队训练

10.2.1　团队训练 1：寝室消费情况调查

以寝室为单位，进行关于大学生消费情况的调查，要求有调查的题目、调查的数据分析、调查的结论与报告，调查要具有科学性、可行性和典型性。

（1）通过集体沟通讨论调查报告的题目；

（2）分组完成具体的任务，两人负责找大学生进行访问与调查，两人负责进行数据统计，两人负责进行数据分析；

（3）将各自手中的材料进行整合；

（4）最后小组之间进行讨论，得出调查结论，打印成纸质材料。

10.2.2　团队训练 2：工作中的冲突

学生以小组为单位，每个小组成员根据个人具体情况，独立思考工作中经常打交道的人、冲突事项、处理冲突的方法和冲突的利弊分析等问题，然后在小组内部交流看法，一起讨论，提出处理冲突的合理化建议，然后将小组讨论结果以 PPT 形式面向全体同学予以讲述。

10.3 管理情景模拟

10.3.1 管理情景模拟1：有无沟通情况下的两种调查报告

分为两组（A/B），每组各三人，一人饰演老板，两人饰演员工。老板向员工下达指定任务：

A组：老板向员工下达调查消费者喜好的任务，但是没有具体交代调查的群体和形式，要求三天后交调查报告；

B组：老板向员工下达调查消费者喜好的任务，并且耐心与员工沟通，讲明了调查具体要求和形式，要求三天后交调查报告。

【模拟事项】

以小组为单位扮演A、B两组完成调查报告，并比较在有无沟通的两种情况下，哪一组能更好地完成任务。

10.3.2 管理情景模拟2

1. 谈判双方

甲方：中国康佳集团成都分公司

乙方：四川省雅安市雨城区雅安宾馆

2. 背景

雅安宾馆准备把每个房间的电视都换成液晶电视，5间大的套房需要安55寸的液晶电视，30间中等房间需要安42寸液晶电视，小型商务房20间需要安32寸液晶电视。并且其采购部门正在四处收集资料，仔细对比，以确定性价比较高的电视。

×××电视集团闻讯立即派出工程部与之进行谈判，康佳也仔细调查和认真分析了竞争对手，提交了一份具有很强竞争优势的策划方案。但由于分公司有重要会议，三天内必须返回成都。

3. 谈判详情

谈判地点：四川省雨城区雅安市雅安宾馆会议室

谈判时间：2009年10月15日（星期四）

4. 模拟事项

假设你是甲方代表，你将采取什么沟通策略以比较高的价格拿下该批电视的采购合同？

10.4 管理辩论

10.4.1 管理辩论1：良好的组织沟通是不是组织、企业实现有效运作的必要条件？

【辩论目的】

学习和掌握沟通的含义和作用。

【知识链接】

沟通是借助一定手段把可理解的信息、思想和情感在两个或两个以上的个人或群体中传递或交换的过程。沟通在管理中的作用：沟通是协调各个体、各要素，使企业成为一个整体的凝聚剂；沟通是领导者激励下属，实现领导职能的基本途径；沟通是企业与外部环境之间建立联系的桥梁。

【辩论评论】

在组织管理的层面，沟通包含了意义的传递与理解，凭借控制、激励、情绪表达和信息的功能，来调节组织内部关系，实现组织意图。在实践到组织管理中，沟通需要以相较于辩论更加温和、更加人性化的方式去实现，并且可以依靠更多的工具和媒介，传递信息的形式以及信息的形态也更丰富。组织管理中的沟通作为一个手段性的工具，服务于组织利益，精确到企业而言，就是为了更好地为企业实现价值、创造财富。

10.4.2 管理辩论2：在组织中口头沟通和书面沟通哪一个起到了更重要的作用

【辩论目的】

通过辩论，掌握口头沟通和书面沟通的含义以及两者的优缺点。

【知识链接】

所谓口头沟通就是运用口头表达的方式来进行信息的传递和交流。这种沟通常见于会议、会谈、对话、演说、报告、电话联系、市场访问、街头宣传等场合。

书面沟通指的是用书面形式进行的信息传递和交流。例如简报、文件、通信、刊物、调查报告、书面通知等。

口头沟通：在实际工作中，绝大部分的信息是通过口头传递的，有灵活多样，直接，传递速度快，并能及时反馈信息，激发下属的工作积极性等优点，但在口头沟通过程中，存在着较大失真的可能性，将会给组织带来各种难以预料的负面影响。

书面沟通具有有形展示、长期保存以及可作为法律防护的依据等优点，但书面沟通花费的时间较长，同等时间的交流，口头沟通比书面沟通所传达的信息要多得多，同时书面沟通缺乏内在的信息反馈机制，无法确保所发出的信息能被接收到，即使接收到，也无法确保接收者对信息的解释正好是发送者的本意。发送者往往要花费很长的时间来了解信息是否已被接收并被准确地理解。

【辩论总结】

不论是口头沟通还是书面沟通在企业中都起到了一定的作用，它们之间并没有谁比谁更重要的说法，具体方法的采用取决于当时特定的环境。

10.5 案例分析

10.5.1 案例分析1："把所有经理的椅子靠背锯掉"

麦当劳快餐店创始人雷·克罗克，是美国社会最有影响的十大企业家之一。他不喜欢整天坐在办公室里，大部分工作时间都用在"走动管理上"，即到各公司、部门走走、看看、听听、问问。麦当劳公司曾有一段时间面临严重亏损的危机，克罗克发现其中一个重要原因是公司各职能部门的经理有严重的官僚主义，习惯躺在舒适的椅背上指手画脚，把许多宝贵时间耗费在抽烟和闲聊上。于是克罗克想出一个"奇招"，将所有经理的椅子靠背锯掉，并立即照办。开始很多人骂克罗克是个疯子，不久大家开始悟出了他的一番"苦心"。他们纷纷走出办公室，深入基层，开展"走动管理"，及时了解情况，现场解决问题，终于使公司扭亏转盈。著名的管理学大师彼得·德鲁克说："人无法只靠一句话来沟通，总是得靠整个人来沟通。"

【关键词】

沟通；下行沟通

【知识链接】

沟通是借助一定手段把可理解的信息、思想和情感在两个或两个以上的个人或群体中传递或交换的过程。

下行沟通指上级将信息传达给下级，是由上而下的沟通。

【问题和答案要点】

问题1：麦当劳为何开始会亏损，又是如何再次走向成功的？

全球著名的快餐企业麦当劳，有着非常值得借鉴的"下行沟通"之举，它让我们看到了克罗克的良苦用心。下行沟通，指的是对下级提供指导、控制，对业绩进行反馈、解释政策和程序等。由于在公司中的职位不同，经理人可能与员工的观点不一致，这是两者相互沟通的严重障碍。沟通双方的地位很大程度上取决于他们的职位，地位的高低对沟通的方向和频率有很大的影响。

问题2：该案例给我们的启示是什么？

对于下级的需求，我们要认真倾听，对于他们工作中出现的问题，要用心理解和分析，放下架子，腾出时间去与他们促膝谈心，互动交流！这样才能更好地与下级做好沟通。

资料来源：http：//www. docin. com/p－312641459. html.

10.5.2　案例分析2：有远见的领导

某国有一家纤维厂，该厂的产品很畅销，企业效益也很好。厂领导通过国内外考察，意识到该产品两年后必然会因为加入WTO而面临国外产品冲击的危险，于是决定立即引进新的生产线，生产新产品。可是厂里的资金严重不足，厂领导想了一个办法，要求全厂员工集资，并且规定如果不愿集资者就要下岗。职工对此怨声载道，产生强烈的抵抗情绪，认为那是领导好大喜功，结果酿成大规模上访事件。无奈之下，厂里只好取消了这个集资计划。两年后果然受到了市场冲击，厂里的经济效益一落千丈，全厂上下都很后悔。

【关键词】

沟通；下行沟通；双向沟通；单向沟通

【知识链接】

沟通是借助一定手段把可理解的信息、思想和情感在两个或两个以上的个人或群体中传递或交换的过程。

下行沟通是指上级将信息传达给下级，是由上而下的沟通；单向沟通是指没有反馈的信息传递；双向沟通是指有反馈的信息传递，是发送者和接收者相互之间进行信息交流的沟通。

【问题和答案要点】

1. 这家纤维厂为何会出现这种困境？

纤维厂出现这种困境的原因是，上级领导没有事先和下级员工做好积极深入的沟通所致。

2. 这个小故事带给我们什么样的启示？

沟通是双向的、双方面的事情，如果任何一方积极主动，另一方消极应对，那么沟通也是不会成功的。实际生活中，许多管理者喜欢高高在上，缺乏主动与员工沟通的意识，凡事喜欢下命令，忽视沟通管理，试想一下，如果纤维厂的领导将自己在国外考察所意识到的事情，跟员工深入沟通分析一下，将会是另一个结果。作为一名管理者要尽可能与员工进行交流，使员工能够积极了解管理者的所思所想，领会上级意图，避免推卸责任，让员工融入企业中，员工越积极，对企业也就越关心，当出现困难时候也会积极应对，这正是积极沟通的原因。

10.5.3 案例分析3：听的艺术

美国知名主持人林克莱特一天访问一名小朋友，问他说："你长大后想要当什么呀?"

小朋友天真地回答："嗯……我要当飞机的驾驶员!"

林克莱特接着问："如果有一天，你的飞机飞到太平洋上空所有引擎都熄火了，你会怎么办?"

小朋友想了想："我会先告诉坐在飞机上的人绑好安全带，然后我挂上我的降落伞跳出去。"

当在现场的观众笑得东倒西歪时，林克莱特继续注视着这孩子，想看他是不是自作聪明的家伙。

没想到，紧接着孩子的两行热泪夺眶而出，这才使得林克莱特发觉这孩子的悲悯之情远非笔墨所能形容。

于是林克莱特问他说："为什么要这么做?"

小孩的答案透露出一个孩子真挚的想法："我要去拿燃料，我还要回来!"

【关键词】

有效沟通；沟通障碍

【知识链接】

所谓有效沟通，简单地说就是传递和交流信息的可靠性和准确性高，实际上还表示组织对内外噪音的抵抗能力强。

有效沟通的障碍：

（1）个人因素：①有选择地接受；②沟通技巧的差异。

（2）人际因素：①沟通双方的相互信任；②信息的可靠程度和发送者与接收者之间的相似程度。

（3）结构因素：①地位差别；②信息传递链；③团体规模；④空间约束。

（4）技术因素：①语言；②非语言暗示；③媒介的有效性；④信息过量。

【问题和答案要点】

请从克服沟通障碍的角度，评析上述案例对提高管理者沟通技能的启示。

与人沟通的时候，听话不要听一半，不要把自己的意思，投射到别人所说的话上头。

10.5.4 案例分析4：张经理的解聘风波

A公司是一家专门生产传统家具的企业。这几年随着企业规模的不断扩大，公司先后成立了几家分公司。为了进一步拓展广东市场，公司聘请张先生担任南方分公司的总经理。为此，张先生着实高兴了好一段时间，但是一年以后他就被解聘了，还闹得沸沸扬扬。总公司为什么解聘张经理呢？一是张经理既说不好普通话，又说不好、听不懂粤语。

加上他讲话从来不用讲稿，经常是一个问题讲了十几二十分钟，下属都没听清楚、弄明白。二是张经理虽有工作热情，但文化程度不高，以他为首制定的公司年度计划不大合理，得不到上级的认可。同时，他又不怎么信任别人，有时还有点高高在上。三是张经理经常打断下属的工作谈话和汇报，也不愿听取和采纳员工的意见和建议，还常常对公司员工的一些私下议论采取压制的态度。另外，公司内部又以垂直沟通居多，部门之间、车间之间、班组之间的横向交流很少，使得公司的各种意见和信息难以得到有效的沟通与传播。

【关键词】

有效沟通；沟通障碍

【知识链接】

所谓有效沟通，简单地说就是传递和交流信息的可靠性和准确性高，实际上还表示组织对内外噪音的抵抗能力强。

有效沟通的障碍：

(1) 个人因素：①有选择地接受；②沟通技巧的差异。

(2) 人际因素：①沟通双方的相互信任；②信息的可靠程度和发送者与接收者之间的相似程度。

(3) 结构因素：①地位差别；②信息传递链；③团体规模；④空间约束。

(4) 技术因素：①语言；②非语言暗示；③媒介的有效性；④信息过量。

【问题和答案要点】

1. 请结合案例分析影响有效沟通的障碍包括哪些因素？

影响有效沟通的障碍因素：①个人因素，包括有选择地接受、沟通技巧的差异；②人际因素，包括沟通双方的相互信任、信息来源的可靠度和发送者与接受者之间的相似程度；③结构因素，包括地位差别、信息传递链、团体规模和空间约束；④技术因素，包括语言、非语言暗示，媒介的有效性和信息过量。

2. 试分析有效沟通的实现应坚持哪些准则？

克服沟通障碍、实现有效沟通的一般准则：明了沟通的重要性，正确对待沟通；培养“听”的艺术；创造一个相互信任，有利于沟通的小环境；缩短信息传递链，拓宽沟通渠道，保证信息的畅通无阻和完整性；建立特别委员会，定期加强上下级的沟通；加强平行沟通，促进横向交流。

资料来源：专插本《管理学》考试试题。

10.5.5　案例分析5：名医劝治的失败

我国古代春秋战国时期，有一位著名的医生，他的名字叫扁鹊。

有一次，扁鹊见蔡桓公，站了一会儿，他看看蔡桓公的脸色说：“国君，你的皮肤有病，不治怕要加重了。”

蔡桓公笑着说："我没有病。"

扁鹊告辞走了以后，蔡桓公对他的臣下说："医生就喜欢给没病的人治病，以便夸耀自己有本事。"

过了十几天，扁鹊又前往拜见蔡桓公，他仔细看看蔡桓公的脸色说："国君，你的病已到了皮肉之间，不治会加重的。"

桓公见他尽说些不着边际的话，气得没有理他，扁鹊走后，桓公还闷闷不乐。

再过十几天，蔡桓公出巡，扁鹊远远地望见桓公，转身就走。

桓公特意派人去问扁鹊为什么不肯再来谒见，扁鹊说："皮肤上的病，用药物敷贴可以治好；在皮肉之间的病，用针灸可以治好；在肠胃之间，服用汤药可以治好；如果病入骨髓，那生命就掌握在司命之神的手里了，医生是无法可想的了。如今国君的病已深入骨髓，所以我不能再去谒见了。"

蔡桓公还是不相信。五天之后，桓公周身痛疼，连忙派人去找扁鹊，扁鹊已经逃往秦国躲起来了。不久，蔡桓公便病死了。

【关键词】

有效沟通；沟通障碍

【知识链接】

所谓有效沟通，简单地说就是传递和交流信息的可靠性和准确性高，实际上还表示组织对内外噪音的抵抗能力强。

有效沟通的障碍：

(1)个人因素：①有选择地接受；②沟通技巧的差异。

(2)人际因素：①沟通双方的相互信任；②信息的可靠程度和发送者与接收者之间的相似程度。

(3)结构因素：①地位差别；②信息传递链；③团体规模；④空间约束。

(4)技术因素：①语言；②非语言暗示；③媒介的有效性；④信息过量。

【问题和答案要点】

1. 蔡桓公贵为国君，又有名医扁鹊在侧，却因为小病送掉了性命，原因是什么？

是由于沟通障碍造成了蔡桓公的死亡：

蔡桓公有心理上的障碍。

2. 如果你是扁鹊，你会如何沟通？

扁鹊不善于营造良好的沟通氛围，不善于恰当地选择沟通用语。

10.5.6 案例分析6

T公司员工说老板庄先生性子急，要求严，喜欢发脾气，所以一些员工与他沟通时很紧张，甚至尽量躲着他。庄先生说员工不明白他的意思，做出来的东西和他想要的不一样，有些没必要犯的错误经常重复地犯，做错了还不能说重话，有时个别员工会和自己顶起来，也有的女员工会哭起来。

某天快下班了，庄先生发现一位员工的工艺不对，便进行纠正，该员工试图解释，但庄先生认为该员工不应该犯这样基本的错误，不听该员工解释，而该员工也急着说明自己的做法，两人都没有停下来听对方说，声调都开始提高，语速加快，庄先生习惯性地伸出手指，该员工感觉被指着鼻子当众挨训，认为受到侮辱，便大声嚷道：“你觉得我不好，那开掉我好了！”然后背起包往外走。庄先生非常生气。事后庄先生伤感地说：“我创立这个品牌就是为了让人们生活更好，我们的品牌就是因为注重工艺品质和客户体验才得以发展壮大，我给没有读这个专业、没有经验的员工机会，教他们怎么做事情，他们不但不听，不感谢，还不尊重我。”该员工也很委屈地说：“这个产品和以前的有些不一样，所以我想尝试不同的做法。当时本来下班了，我是打算做好了再走的。但什么都不问就骂我，还指我的鼻子，我长这么大都没被人指着我的鼻子骂。我又不是不感谢，又不是不尊重。但尊重是互相的。”

【关键词】

沟通失误；有效沟通

【知识链接】

所谓有效沟通，简单地说就是传递和交流信息的可靠性和准确性高，实际上还表示组织对内外噪音的抵抗能力强。

【问题和答案要点】

该案例中存在哪些沟通失误？

管理者庄先生：缺乏沟通技巧，没有正确对待沟通；缺乏“听”的艺术，没有倾听员工的解释。

员工：没有正确地对待沟通；信息传递不够简短迅速。

总结：管理者与员工之间的沟通，要注意方式方法，要学会听的艺术，耐心倾听员工的心声，才能达到有效的沟通效果。

10.5.7　案例分析7：缺料风波

邵丽是公司采购部的资深采购员，在公司工作了十多年，经验丰富，但脾气很不好，常和同事发生磨擦，尤其是和计划部关系处理不好。一次，计划部因为缺料又和邵丽发生矛盾，计划部认为下周要生产的物料得两周后才能到，不能接受，要求邵丽提前交期；邵丽表示交期无法提前。计划部不同意，要求物料一定要按时到，否则就停产，计划部的强硬态度让邵丽大发脾气：停产是你计划部的事，跟我没关系！计划部愤然离开，直接到采购部经理办公室投诉：我和你们部门的人没法沟通！

采购部廖经理刚上任两周，对公司正处于熟悉状态，得知自己部门的工作会影响到生产进度，他立即叫来邵丽：“怎么回事?！缺料停产这么大的事，你怎么不早来报告?”邵丽满不在乎地说：“你刚来公司不久，对供应商还不太熟。我已经向王经理报告了此事。”

（王经理是SCM部门经理，也是廖经理的顶头上司）廖经理怒道："我才是你的上司，弄清楚自己的位置在哪。"邵丽不作回答。廖经理："现在缺料的状态如何？"邵丽："物料安排的是海运，现在还在海上漂呢。"廖经理："如此紧急的物料，你还安排走海运？你干什么吃的?!"邵丽："是计划部突然提前了生产计划，不是我的错！"说完转身离开了经理办公室。

【关键词】

沟通；沟通方式；跨部门交叉沟通

【知识链接】

沟通是借助一定手段把可理解的信息、思想和情感在两个或两个以上的个人或群体中传递或交换的过程。

沟通的分类：

（1）按照功能划分为：①工具式沟通；②感情式沟通。

（2）按照行为主体划分：①个体间沟通；②群体间沟通。

（3）按照所借助的中介或手段划分：①口头沟通；②书面沟通；③非语言沟通；④体态语言沟通；⑤语调沟通；⑥电子媒介沟通等。

（4）按照组织系统分为：①正式沟通；②非正式沟通。

（5）按照方向分为：①下行沟通；②上行沟通；③平行沟通。

（6）按是否进行反馈分为：①单向沟通；②双向沟通。

跨部门交叉沟通就是公司每个部门之间进行交叉沟通。

【问题和答案要点】

1. 邵丽和廖经理的沟通都存在什么问题？

邵丽在缺料事件中存在的几点问题：

（1）在和计划部的沟通过程中，态度过于主观、用语过于偏激。跨部门沟通需要做到客观、全面，实事求是地解决问题，心态平和，用词中肯，处理问题要讲究技巧。本案中所发生的缺料事情，一般公司都会发生。众所周知，计划不如变化。本案中，计划部门物料需求时间提前。作为配合单位的采购部门在得知这一消息后，一方面要向其反映已订货的到货情况；另一方面，应通过其他方式尽力调货，以满足计划需求。而邵丽态度过于偏激，把责任全部归于对方身上，是不妥的，这直接导致后面的投诉。

（2）对新上任的经理不够尊重。尽管廖经理是新上任的，可能对公司很多状况都不熟悉，但他毕竟是邵丽的直接领导，工作上的事情理应向他汇报。邵丽不仅没有第一时间汇报缺料情况，反而越级向上汇报，不仅不尊重廖经理，而且使廖经理的工作陷入被动。

（3）邵丽没有做到换位思考。没有有效地识别经理的心理需求——作为新上任的经理，他是希望能得到下属的尊重与认可的，所以当邵丽说已向廖经理的顶头上司报告过，廖经理是恼怒的。

（4）邵丽言辞情绪化，不冷静、不客观，而且态度不谦恭。这都是造成她与经理沟通不畅的原因。

廖经理也有以下不足之处：

(1) 对于缺料情况了解不全面，片面将责任归到邵丽身上，这对邵丽是不公平的；

(2) 与邵丽的沟通策略不对，廖经理不应该盲目地用命令的语气对待邵丽。邵丽是公司的老员工，经验丰富、能力强，廖经理应该引导邵丽积极参与到缺料的事情中，努力解决问题；

(3) 对邵丽不够尊重，伤害下属的自尊。

2. 他们的沟通如何改进？

邵丽应该在第一时间将缺料问题及时报告廖经理，同时说明自己的理由和解决方法："廖经理，我负责采购的货物2周后到，但计划部突然提前到下周生产，海运的物料赶不上生产的需求。不过我已经和供应商沟通过了，他们还有库存，如果安排空运，时间上是来得及的。不过空运费用较高，而且多采购一批物料，我们的库存也有压力。我把空运和海运的费用以及库存的明细列出来了，您过目一下。我接下来应该怎么做呢？"

将决定权交给经理，既尊重了经理，又表现了自己的工作能力。这样能给新经理留下不错的印象，为今后的工作开一个好头。

3. 这一案例给我们什么启示？

职场关系错综复杂，不是光有工作能力就行的。作为公司的一员是无法独立存在的，总会与上司或下属有种种沟通与交流；与各部门有种种矛盾与配合。"缺料风波"使我了解到：要弄清楚自己在公司的身份、地位；要弄清自己对问题看法的客观程度、对目标问题考虑的深入程度和系统程度。良好的沟通技巧能起到事半功倍的效果。反之，不仅达不到目的，甚至会阻碍自己在公司的发展前景。

资料来源：https：//wenku. baidu. com/view/7d7f3e126bec0975f465e2c0. html.

10.5.8　案例分析8：三个金人

曾经有个小国到中国来，进贡了三个一模一样的金人，金碧辉煌，把皇帝高兴坏了。可是这小国不厚道，同时出一道题目：这三个金人哪个最有价值？皇帝想了许多的办法，请来珠宝匠检查，称重量，看做工，都是一模一样的。怎么办？使者还等着回去汇报呢。泱泱大国，不会连这个小事都不懂吧？最后，有一位退位的老大臣说他有办法。皇帝将使者请到大殿，老臣胸有成竹地拿着三根稻草，插入第一个金人的耳朵里，这稻草从另一边耳朵出来了。第二个金人的稻草从嘴巴里直接掉出来，而第三个金人，稻草进去后掉进了肚子，什么响动也没有。老臣说：第三个金人最有价值！使者默默无语，答案正确。

【问题和答案要点】

故事有什么启示？

这个故事告诉我们，最有价值的人，不一定是最能说的人。老天给我们两只耳朵一个嘴巴，本来就是让我们多听少说的。善于倾听，才是成熟的人最基本的素质。让参加者认识同理心的技巧，应站在对方的立场上感受对方的感受与需要。

资料来源：https：//zhidao. baidu. com/question/588191372549147165. html.

10.6 管理游戏

10.6.1 管理游戏1：全体离地

简介：全体离地是一个培养团队内部沟通的培训游戏，培养所有队员在接到任务后如何进行计划、分工、沟通、合作，最终以最快的方法来完成，培养团队沟通的游戏。

人数：5人一组。

道具：30厘米长的竹棍，越粗越好；绳子，按照每人9个竹棍和绳子的数量准备。

游戏规则：游戏开始前不要告诉大家游戏的内容，给每人发9根竹棍和9根绳子，在规定的时间内（10～15分钟），各组队员必须使用自己的道具材料来构架一个设施，可以让所有队员站到上面，脚离开地面，坚持1分钟。

资料来源：https：//m. unjs. com.

10.6.2 管理游戏2：牧羊人

项目介绍：

将所有队员打散开来，请出一位作为牧羊人，活动中羊是看不到的，任何人不许说话，也不可以接触身体，任务是牧羊人要将所有的羊赶回羊圈，困难吗?

项目目的：

建立小组成员间的相互信任，建立好的工作流程以及有效的沟通，检验语言的干扰因素；证明在不良环境下的沟通态度与挫折；描述口语沟通无效、受限制时，采用非口语沟通的冲击。

资料来源：https：//mq. mbd. baidu. com/ocx57yv？f = cp.

10.6.3 管理游戏3：瞎子背瘸子

1. 项目类型

信任、沟通。

2. 器材

眼罩、鲜花、气球等活动道具。

3. 场地

有起伏变化的场地。

4. 人员要求

人数不限。

5. 活动目标

（1）让学生感受信任与被信任的感觉，增进学生之间的沟通，拉近彼此间的距离。

（2）使学生切身体会到团队协作的重要性和意义所在。

（3）挑战自我安全区，建立对团队学生的信任，感受这个信任带来的突破。

（4）训练倾听和辅导的技巧。

6. 操作过程

当场选六名队员，三男三女，男生背女生。男生当“瞎子”，用纱巾蒙住眼睛；女生扮“瘸子”，为“瞎子”指引路线，绕过路障，达到终点，最早到达者胜出。其中路障设置可摆放椅子，须绕行；气球，须踩破；鲜花，须拾起，递给女生。

7. 注意事项

（1）路线选择不能有太大的危险性。

（2）提醒学生保护戴眼罩的学生。

8. 引导分享

（1）通过亲身体验，让学生体会信任和被信任的感觉。作为被引导的一方，应全身心信赖对方，大胆遵照同伴的指引去做；作为牵引者，要时刻注意被牵引者的安全。

（2）诚信是交往的基础，诚信来源于对做事的认真态度，要取得别人的信任，就要认真地对他人负责，也是对自己负责。

（3）如何做到信息的高保真传输？

（4）当蒙上眼睛后，是否有一种不安全感？

（5）对于带领自己的人，内心的想法如何？是否会完全信任对方？

（6）当蒙眼者被要求跑五步时，他有什么想法？

（7）带领者在行动过程中的心情如何？

（8）采用不同的引导方式，如声音或行动，被蒙眼的学员是否有不同的感受？

9. 总结与评估

（1）当蒙眼者被告知跑五步时，这需要极度的信任，通过他跑动的幅度，可以看出他对同伴信任程度的大小。

（2）以声音或身体接触相结合，有助于双方建立信任，增加安全感。

（3）当人们需要跑动时（一只手搭在同伴的胳膊上），这已有足够的风险去挑战对同伴的信任。而无需更多的不必要的危险。

（4）可以发现一个有趣的现象：有些蒙眼人将手伸向前方，那些不这样做的人可能对同伴的引导能力怀有更大的信任。

（5）信任是沟通和合作的基础。

（6）双方有效沟通与合作，有助于顺利完成任务。

资料来源：http：//blog. sina. cn/dpool/blog/s/blog_ db19c4370102vsl3. html.

10.6.4　管理游戏4：绕口令游戏

牛郎恋刘娘
刘娘念牛郎
牛郎牛年恋刘娘
刘娘年年念牛郎
郎恋娘来娘念郎
念娘恋娘
念郎恋郎
念恋娘郎

10.6.5 管理游戏5：沟通技能自我测试

测试问题：

（1）我能根据不同对象的特点提供合适的建议或指导。

（2）当我劝告他人时，更注重帮助他们反思自身存在的问题。

（3）当我给他人提供反馈意见、甚至是逆耳的意见时，能坚持诚实的态度。

（4）当我与他人讨论问题时，始终能就事论事，而非针对个人。

（5）当我批评或指出他人的不足时，能以客观的标准和预先期望为基础。

（6）当我纠正某人的行为后，我们的关系常能得到加强。

（7）在我与他人沟通时，我会激发出对方的自我价值和自尊意识。

（8）即使我并不赞同，我也能对他人观点表现出诚挚的兴趣。

（9）我不会对比我权力小或拥有信息少的人表现出高人一等的姿态。

（10）在与自己有不同观点的人讨论时，我将努力找出双方的某些共同点。

（11）我的反馈是明确而直接指向问题关键的，避免泛泛而谈或含糊不清。

（12）我能以平等的方式与对方沟通，避免在交谈中让对方感到被动。

（13）我以"我认为"而不是"他们认为"的方式表示对自己的观点负责。

（14）讨论问题时，我通常更关注自己对问题的理解，而不是直接提建议。

（15）我有意识地与同事和朋友进行定期或不定期的、私人的会谈。

评价标准：

非常不同意/不符合（1分）　　不同意/不符合（2分）

比较不同意/不符合（3分）　　比较同意/符合（4分）

同意/符合（5分）　　非常同意/非常符合（6分）

自我评价：

如果你的总分是：

80～90　你具有优秀的沟通技能

70～79　你略高于平均水平，有些地方尚需要提高

70以下　你需要严格地训练你的沟通技能

选择得分最低的6项，作为技能学习提高的重点。

10.6.6 管理游戏6：《施氏食狮史》

《施氏食狮史》是一篇由赵元任所写的设限文章。全文共91字（连标题96字），每字的普通话发音都是shi。《施氏食狮史》这篇短文谁都能看懂，可是如果你读给别人听，他是无论如何也听不懂的！

《施氏食狮史》：石室诗士施氏，嗜狮。誓食十狮。施氏时时适市视狮。十时，适十狮适市，适施氏适市。氏视是十狮，恃矢势，使是十狮逝世。氏拾是十狮尸，适石室。石室湿，氏使侍拭石室。石室拭，氏始试食是十狮。食时，始识是十狮，实十石狮尸。试释是事。

第 11 章　控制与控制过程

11.1　小组展示主要内容

教师按照教学大纲的要求，将本章重点知识分派给各小组，要求各小组以 PPT 形式将主要知识点向全体成员展示，主要内容如下：

（1）管理控制的必要性及其类型；

（2）管理控制的工作内容及其要求；

（3）危机与管理控制；

（4）控制的过程。

11.2　团队训练

11.2.1　团队训练 1：“作弊”的控制

当前有少数大学生平时不努力学习，考试抱着侥幸心理，铤而走险考试作弊，针对这种现象，以小组为单位讨论怎样加强对学生的控制，从而减少学生的作弊。各小组可以从作弊行为发生前、作弊行为在课堂考试进行之中、作弊发生后三个角度考虑，然后将小组讨论结果以 PPT 形式面向全体同学展示交流。

11.2.2　团队训练 2：马厂长的烦恼

马厂长刚被任命为某厂的厂长，他发现公司在管理方面存在很多问题，其中最突出的就是员工迟到早退的现象严重，还有就是工作时间员工办私事的也时有发生，同时公司的各项规章制度不健全。马厂长决心改变这种状况，但又不知从何着手。各小组运用所学管理学知识，帮助马厂长制定一个解决此问题的控制方案。

11.2.3　团队训练 3：价格战的“后遗症”

目前家电行业不景气，家电企业不仅面临着市场饱和的威胁，还要接受来自国内外同行的激烈竞争。近来，家电企业之间为了争夺市场又打起了价格战，各企业纷纷降价销售。某电视机公司为了保住自己的市场地位，也做出相应的降价决策，但为了弥补降价带来的利润损失，公司经理决定削减成本，主要是减少 5% 的原材料成本、10% 的生产成本和 10% 的销售成本。团队内讨论：公司可采用哪些控制方式来实现这些目标？

资料来源：https：//wenku. baidu. com/view/b2c81c26192e45361066f5f1. html.

11.3 管理情景模拟

你单位准备组织一次电子商务方面的培训，作为单位的领导，请你模拟一下开班仪式上的发言，对同事进行思想动员，从而形成共识，意识到电子商务在互联网时代营销中所扮演的作用。

11.4 案例分析

11.4.1 案例分析1：扁鹊的医术

魏文王问名医扁鹊说："你们家兄弟三人，都精于医术，到底哪一位最好呢?"

扁鹊答说："长兄最好，仲兄次之，我最差。"文王再问："那么为什么你最出名呢?"

扁鹊答说："我长兄治病，是治病于病情发作之前。由于一般人不知道他事先能铲除病因，所以他的名气无法传出去，只有我们家的人才知道。我仲兄治病，是治病于病情初起之时。一般人以为他只能治轻微的小病，所以他的名气只及于本乡里。而我扁鹊治病，是治病于病情严重之时。一般人都看到我在经脉上穿针管来放血、在皮肤上敷药等大手术，所以以为我的医术高明，名气因此响遍全国。"

文王说："你说得好极了。"

【关键词】

控制；前馈控制；现场控制；反馈控制

【知识链接】

控制是保障企业计划与实际作业动态相适应的管理职能。

前馈控制：在企业生产经营活动开始之前进行的控制。其目的是防止问题的发生而不是当问题出现时再补救。

同期控制：亦称现场控制或过程控制，指企业经营过程开始以后，对活动中的人和事进行指导和监督。

反馈控制：亦称成果控制或事后控制，指在一个时期的生产经营活动已经结束以后，对本期的资源利用状况及其结果进行总结。

【问题和答案要点】

该故事有什么启示?

事后控制不如事中控制；事中控制不如事前控制。

可惜大多数的事业经营者均未能体会到这一点，等到错误的决策造成了重大的损失才寻求弥补，有时是亡羊补牢，为时已晚。

11.4.2　案例分析2：添加剂“超标”的果汁饮料厂

在三鹿奶粉事件发生后，各食品企业都对自己的产品质量进行了检查。其中某果汁饮料厂也发现了某种添加剂“超标”。在企业内部组织的一次讨论会上，与会者从企业如何加强自我控制角度提出了很多建议。有人说，要从源头上进行控制，把好原料、水和各种添加剂的质量关；有人说，要从实际的生产过程上下功夫，做到每时每刻、每个环节都有人检查；有人说，加大对各批次产品抽检力度，过去是每批次抽出一箱再抽出一瓶来化验，现在应每批次抽出两箱再抽出四瓶来化验。大家说得都有道理，但最关键的是什么？却没有统一意见。

【问题和答案要点】

（1）对照三鹿奶粉事件，说明这里涉及哪几种控制类型？

这涉及了控制类型中的前馈控制、现场控制和反馈控制。

（2）你认为从厂家内部控制角度，哪种控制最重要？为什么？

前馈控制最重要。这是因为：

①三鹿奶粉事件或果汁厂的问题，主要薄弱环节是原材料和辅料的质量问题；

②由于前馈控制处于管理过程的前端，是对“条件”的控制，有防患于未然的优点；

③前馈控制经济上最为节约。

资料来源：自考《管理学》考试试题。

11.4.3　案例分析3：某建筑公司的经营环境

某建筑公司经过几十年的发展，已经成为当地知名的建筑龙头企业。总结企业成功的经验，许多管理人员归结为天时、地利、人和，如国家经济的持续发展，与当地政府、银行的良好关系，几十年形成的固定客户和良好的信誉，良好的员工素质，等等。在2008年公司确立的打破地区界限成为全国乃至世界知名建筑企业的愿景和使命。当企业树立这样的愿景和使命并为之努力时，发现曾经作为优势的“天时、地利、人和”似乎都不存在了。例如，就在前不久，日本一家建筑企业在与公司谈判时，让公司在两天内给出一个项目的报价。由于公司没有既懂建筑专业又精通日语的人员，没有能够及时报价，很遗憾地没有抓住公司项目。

【关键词】

控制；市场营销环境；微观环境；宏观环境

【知识链接】

市场营销环境包括宏观环境和微观环境，或称为外部环境和内部环境。微观环境要素是对企业营销活动过程和结果有直接影响的各种力量。宏观环境是指一个国家或地区内影响企业进行营销活动的宏观条件。主要包括人口、经济、自然、技术、社会文化、政治法律等。

【问题和答案要点】

请分析该公司的内外部环境，以及应采取什么措施？

（1）天、地、人是对公司内外部环境的概括描述。从案例中可以看出公司过去的成功来自天时、地利、人和，构成了公司的竞争优势。当公司重新确立了“成为全国乃至世界的建筑企业”时，从案例中可以看出在政府、银行关系方面、在地理方面、在人员素质要求等方面，都发生了变化，所谓的天、地、人已经不再成为优势。

（2）因此公司要真正认清所处的内外部环境，确定公司的使命和愿景，并围绕天、地、人等制定相应措施。具体措施应围绕培育公司的核心竞争力方面：具有建立电子商务网络和系统的技能；迅速把新产品投入市场的能力；更好的售后服务能力；生产制造高质量产品的技能；开发产品特性方面的创新能力；对市场变化作出快速反应；准确迅速满足顾客定单的系统；整合各种技术创造新产品的技能等方面。

资料来源：专升本《管理学》考试试题。

11.4.4 案例分析4：哈勃太空望远镜

经过长达15年的精心准备，耗资15亿美元的哈勃太空望远镜最后终于在1990年4月发射升空。但是，美国国家航天局仍然发现望远镜的主镜片存在缺陷。由于直径达94.5英寸的主镜片的中心过于平坦，导致成像模糊，因此望远镜对遥远的星体无法像预期那样清晰地聚焦，结果造成一半以上的实验和许多观察项目无法进行……

【关键词】

控制；控制的必要性

【知识链接】

控制是保障企业计划与实际作业动态相适应的管理职能。管理控制的必要性主要是由环境的变化、管理权力的分散和工作能力的差异所决定的。

【问题和答案要点】

案例的启示是什么？

哈勃望远镜的例子说明了：理想的状态是不可能成为企业管理的现实的，无论计划制订得如何周密，由于各种原因，人们在执行计划的活动中总是会或多或少地出现与计划不一致的现象。

11.4.5 案例分析5：旁边有很多木材的直烟囱

有位客人到某人家里做客，看见主人家的灶上烟囱是直的，旁边又有很多木材。客人告诉主人说，烟囱要改曲，木材须移去，否则将来可能会有火灾，主人听了没有作任何表示。

不久主人家里果然失火，四周的邻居赶紧跑来救火，最后火被扑灭了，于是主人烹羊宰牛，宴请四邻，以酬谢他们救火的功劳，但并没有请当初建议他将木材移走、烟囱改曲的人。

有人对主人说："如果当初听了那位先生的话，今天也不用准备筵席，而且没有火灾的损失，现在论功行赏，原先给你建议的人没有被感恩，而救火的人却是座上客，真是很奇怪的事呢！"主人顿时省悟，赶紧去邀请当初给予建议的那个客人来吃酒。

【问题】

案例的启示是什么？

11.4.6　案例分析6：公司竞争

一家生产慢跑运动鞋、网球运动鞋等产品的公司发现它的一些主要竞争对手在和它进行一场价格大战。为了弥补降低的销售收入，公司经理计划削减管理费用10%、生产成本15%以及销售成本的5%。

【关键词】

控制；前馈控制；现场控制；反馈控制

【知识链接】

控制是保障企业计划与实际作业动态相适应的管理职能。

前馈控制：在企业生产经营活动开始之前进行的控制。其目的是防止问题的发生而不是当问题出现时再补救。

同期控制：亦称现场控制或过程控制，指企业经营过程开始以后，对活动中的人和事进行指导和监督。

反馈控制：亦称成果控制或事后控制，指在一个时期的生产经营活动已经结束以后，对本期的资源利用状况及其结果进行总结。

【问题和答案要点】

公司打算用哪些控制手段来达到这些目标？

公司可能会采用前馈控制、现场控制、反馈控制等控制手段。

附录1

实训指导书

院（系）部：
课程名称：
指导老师：
所属教研室：

编制人（组）	审核人

一、实训基本信息

实训类别	整周实训□　理论+实践课☑		
开课班级			
实训学时/学分	学时/　学分	实训项目（任务）数	个
实训性质	基础技能实训□　核心技能实训□　综合技能实训☑		
面向专业（方向）		开设学年学期	

二、实训项目（任务）和目标

序号	实训项目（任务）	实训目标	实训结果（可检测）

说明：(1) 实训目标只需说明本任务培养学生的主要（或关键）能力目标；

(2) 实训结果需明确说明可展示的文档名称、类型等（如：27×40 服装彩色设计效果图、景观绿地总平面图、加工合格的模具零件、销售员招聘培训计划、国际货运代理委托书）。

三、实训内容和学时分配

序号	实训项目（任务）名称	实训子项目（子任务）名称	实训学时	实训场地及配套设备	备注
1				多媒体教室	
2				多媒体教室	
3				多媒体教室	
4				多媒体教室	
5				多媒体教室	
6				多媒体教室	

四、实训考核

说明：设计时建议需考虑过程考核（即在教与学的过程中学生的各方面表现）、结果考核（即学生的实训成果）和终结性考核（即不限形式的期末考试），以下仅为参考。

考核项目		考核标准	考核方法	评分比例%
过程考核	上课考勤	按时上课，迟到、早退三次算作一次旷课，旷课一次扣除3分，课程中有4次旷课，取消考勤成绩	点名	10
	课堂讨论	认真听讲、积极思考，此项目基数为0分，每回答一次问题或参与讨论问题加1分，加分上限为10分	记录	10
	课后练习作业的质量	每次课程都有相应的任务需要完成，在课堂上的完成部分，老师将给予整改意见，其余部分学生将在课后完成，按照各小组的进度和质量，达到每个任务要求的给基础分，优秀的加分	作业批改	20
结果考核	实训项目		考查	40
	期末考试		考查	20
合　计				100

附录2

实训项目（任务）

一、实训任务

二、实训目的

三、实训要求

教学环境、仪器及设备

（1）多媒体教室、可分组讨论的教学环境。

（2）计算机。

相关知识及参考书目

［1］马克思主义理论研究和建设工程《管理学》编写组．管理学［M］．北京：高等教育出版社，2019.

［2］周三多．管理学［M］．北京：高等教育出版社，2018.

四、内容及要求

五、步骤

（1）先由小组讨论，形成一个初步意见。

（2）每组选一代表发言，其他成员补充。

（3）大组进行讨论交流。

（4）各小组完善观点。

（5）教师总结提炼。

六、考核方式

（1）实验报告。

（2）讨论时发言的主动性和内容。

参考文献

[1] 安瑛，陈永胜."管理学原理"本科教学中实训课的设计与组织实施［J］. 公安教育，2013（9）：59－61.

[2] 陈志. 新加坡式辩论赛在大学课堂教学中的运用［J］. 福建师范大学学报，2000（2）.

[3] 曹伟明. 高职管理学课程课内实训环节的设计与实施［J］. 江苏广播电视大学学报，2009，5（20）：69－71.

[4] 曹红菊. 辩论教学在管理学课堂中的应用探讨［J］. 硅谷，2008（10）.

[5] 邓彦. 论如何开展高职院校管理学课程实训教学［J］. 福建质量管理，2015（15）：207.

[6] 胡川，毛笠，沈承明. 辩论教学模式在管理学通论教学中的应用［J］. 中国集体经济，2009（12）：194－195.

[7] 姬定中. 管理学实训指导教程［M］. 北京：科学出版社，2015.

[8] 刘亚丁. 辩论式教学过程中应注意的问题［J］. 当代教育科学，2008（15）.

[9] 骆兰，王华. 管理学原理［M］. 重庆：重庆大学出版社，2015.

[10] 马克思主义理论研究和建设工程《管理学》编写组. 管理学［M］. 北京：高等教育出版社，2019.

[11] 彭曼君，熊丽君."课堂辩论"行动研究［J］. 新疆职业大学学报，2008（2）.

[12] 苏琳. 课堂辩论在《管理学》课程教学中的应用［J］. 经济师，2012（5）：118－119.

[13] 魏江，严进. 管理沟通：成功管理的基石［M］. 北京：机械工业出版社，2006：438.

[14] 吴明亮. 由哲学课辩论教学看研究性学习［J］. 中学政治教学参考，2004（2）.

[15] 王丹. 管理学实训课程的优化设计研究［J］. 才智，2017（18）：66.

[16] 王毅捷. 管理教学游戏123［M］. 上海：上海交通大学出版社，2005.

[17] 余敬，刁凤琴. 管理学案例精析［M］. 北京：中国地质大学出版社，2006.

[18] 张林娜. 管理游戏教学法在职工培训中的尝试［J］. 胜利油田党校学报，2011，24（5）：83－84.

[19] 周丹，杨晓玉. 课程实训过程管理研究——以"管理学"为例［J］. 黑龙江教育，2011（7）：60－62.

[20] 周三多. 管理学［M］. 北京：高等教育出版社，2018.